Daniel A. Kempken

Schlaglichter
Kanarische Inseln

AF285586

Highlights und Tipps

Geheimtipps und Kuriositäten

Titelbild: Naturschauspiel der Extraklasse, die Basilika von Candelaria
an einem stürmischen Tag (siehe Seite 38)

Umschlaggestaltung/Layout/Satz:

Konzept · Art · Text Peter Wolff, Mönchengladbach

Herstellung und Verlag: Books on Demand GmbH, Norderstedt

ISBN: 9783842378865

Daniel A. Kempken wurde im Jahre 1955 in Mönchengladbach geboren. Er hat die Juristerei studiert und danach als Rechtsanwalt und Notar gearbeitet. Davor und zwischendurch war er Fließbandarbeiter, Trödler, ehrenamtlicher Sozialarbeiter und Reiseleiter. Seit 1989 arbeitet er in der Entwicklungszusammenarbeit. Seine Reisen führten ihn in diverse Länder vor allem Afrika und Lateinamerika. Gelebt hat er in Deutschland, Spanien, Sambia und Ecuador. Seit 2005 ist er die meiste Zeit in Berlin.

Mehr unter www.danielkempken.de

Liebe Leserinnen und Leser,

nach dem, was die Historiker wissen, sind die Kanarischen Inseln nicht das sagenhafte Atlantis, doch sagenhaft sind sie allemal, auf alle Fälle viel, viel mehr als Strand, Sonne und Disko.

Die Idee der Schlaglichter ist, Ihnen ein Büchlein an die Hand zu geben, das alle Topp-Highlights und viele nicht so bekannte Attraktionen beschreibt. Es enthält für jede Insel mehr spannende Orte als Sie in einem normalen Urlaub besuchen können. Dazu gibt es Hotel- und Restaurant-Tipps, Rezensionen von Büchern, die auf den Inseln spielen, und unterhaltsame Hintergrundinfos aus Geschichte, Kultur und dem Kuriositätenkabinett. Die Schlaglichter erheben überhaupt keinen Anspruch auf Vollständigkeit. Im Gegenteil: sie sind ideal für alle, denen die Urlaubzeit zu kostbar ist, um einen dicken Reiseführer zu studieren und die nicht für jede Insel ein neues Buch kaufen wollen. Dieses Büchlein mag Ihnen in seiner Kürze auch bei der Entscheidung behilflich sein, welche der Kanarischen Inseln für Ihren nächsten Urlaub die Beste ist.

Zwischen 2005 und 2010 bin ich immer wieder auf den Kanarischen Inseln gewesen. Dabei bin ich locker auf jene 700 Recherchestunden gekommen, die die Lonely Planet-Autorinnen für sich in Anspruch nehmen. Jeder Besuch hat mir aufs Neue gezeigt, dass jede Insel ihren ganz eigenen Zauber hat. Nie ist es langweilig geworden, diese ungeheure Vielfalt zu erkunden.

Willkommen auf den Kanarischen Inseln

Ihr Daniel Kempken

Dank:

Großen Dank schulde ich meiner Frau Ingrid für das Lektorat, Ulla Preis und Peter Wolff für die Gestaltung des Buchs.

Inhalt

Schlaglichter

Die Kanarischen Inseln

La Palma

Puerto Naos • • Santa Cruz

Teneriffa

Puerto de la Cruz

• Santa Cru

La Gomera

Valle Gran Rey •

San Sebastián • • Playa de las Américas

El Hierro

• Valverde

La Graciosa

Lanzarote

Timanfaya

Arrecife

Corralejo

Fuerteventura

Puerto del Rosario

Gran Canaria

Las Palmas

Jandia

Maspalomas

1. Schlaglicht
Fehlt nur noch vom Balkon ...?

„Ferienlager" in Los Cristianos auf Teneriffa

Fehlt nur noch vom Balkon, die Aussicht auf den Dom. Die Bläck Fööss haben 1976 mit ihrem Karnevalsliedchen ziemlich zielsicher auf die Zukunft der spanischen Strände geschielt. Auch auf den Kanarischen Inseln sind große Teile der Küste genauso zubetoniert wie die Gegend um den Kölner Dom, den man ja bekanntlich nur noch von der anderen Rheinseite aus gut fotografieren kann. Es gibt Hotels und Appartmentanlagen, Autostraßen und Promenaden für jährlich zehn Millionen Touristen. Doch nicht weit von all dem Rummel und Beton finden Sie geheimnisvolle Spuren längst vergangener Epochen, himmlische, ja einzigartige Landschaften, Feuerberge, stille Buchten und Blumenparadiese, stimmungsvolle Orte, wie geschaffen für romantische Gefühle. In den grandiosen Landschaften finden Sie aber auch geradezu monumentale Straßenkonstruktionen und ganze Groß-familien von Kreisverkehren. In so manch einer Appartmentsiedlung hab' ich mir gedacht: Modelleisenbahnen lügen nicht – wer hier zu Besuch kommt, der muss sicher die Schuhe ausziehen. Vieles ist genauso wie zu Hause – Europa wächst zusammen.

Seinen zaghaften Anfang genommen hat der Tourismus auf den Kanarischen Inseln zu einer Zeit, als Josef Neckermann noch gar nicht geboren war. Vor mehr als hundert Jahren kam die englische Rentnerband nach Teneriffa – und zwar die mit Geld. Die vornehmen Herrschaften wollten einfach nicht mehr hinnehmen, dass ihnen Winter für Winter der britische Nebel in die betagten Knochen zog. Sie flohen in den ewigen Frühling. Ihre bevorzugte Adresse war das feudale, im Jahre 1893 eröffnete und bald schon legendäre Gran Hotel Taoro in Puerto de la Cruz. Die wahrhaft prächtige Herberge ist leider seit langem geschlossen, doch noch immer thront das ehrwürdige Gebäude über der herrlichen Kulisse der Stadt.

Im Laufe der Jahre ist auf den sieben Inseln im Atlantik ein wahrhaftes Ferienparadies entstanden. Mittlerweile reisen jedes Jahr zwischen neun und zehn Millionen Feriengäste auf die Kanaren – so viele Leute können nicht irren. Dabei ist jede Insel anders und hat ihren ganz eigenen Zauber:

Teneriffa, die Grandiose, die Blumeninsel; die Insel mit dem höchsten Berg ganz Spaniens, mit einer einmaligen landschaftlichen Vielfalt und einer gigantischen Ferien- und Spass-Stadt. Jedes Jahr lassen sich etwa 3,5 Millionen Besucher/innen von der größten Kanarischen Insel betören.

Im Norden und in der Mitte ideal für Liebhaber der Natur; im Süden für Sonnenhungrige und zum Abhängen. Viele gute Restaurants.

Gran Canaria, Kontinent en miniature; einzigartig die Dünenlandschaft von Maspalomas. Lieblingsinsel der Deutschen. Jedes Jahr kommen etwa 2,7 Millionen Feriengäste.

Ideal für Sonnenhungrige, aber auch mit schönen Wandermöglichkeiten im Inneren und Kultur im Norden.

Lanzarote, die Außerirdische, eine skurrile Mondlandschaft mit Farben aus dem Malkasten, ein aus Vulkan geborenes Fotoparadies. Jedes Jahr kommen etwa 1,6 Millionen Feriengäste.

Ideal für Fans außergewöhnlicher Landschaften und für Leute, die die Einheit von Natur und Architektur suchen.

Fuerteventura, die Sandige, die Sportliche und die Zweitgrößte der Kanarischen Inseln, ein Surferparadies von karger Schönheit mit etwa 1,5 Millionen Gästen pro Jahr.

Ideal für Sonnenhungrige und Surfer/innen.

La Gomera, die Inspirative mit leicht schrägem Love and Peace-Ambiente, das vielleicht letzte Paradies Europas mit Urwäldern aus Lorbeer und Erika, die Millionen von Jahren alt sind, und mit Aussichten, die man mit Millionen nicht bezahlen kann.

Ideal für Wanderer und alle, die früher mal gern ein Hippie gewesen wären.

La Palma, etwa 150.000 Besucher/innen pro Jahr, von denen die meisten aus Deutschland kommen, nicht so touristisch wie Teneriffa oder Gran Canaria, nicht so schräg wie La Gomera, sondern einfach schön; deshalb wird La Palma auch gern La Isla Bonita genannt.

Die Nummer 1 für Wanderer, ideal für alle, die Natur und beschauliche Ruhe lieben.

El Hierro, das Individualisten-Inselchen am Ende der Welt mit einem fast tausend Meter tiefen, von Menschen besiedelten und zum Meer hin offenen Vulkankrater. Hierro hat nicht viel mehr als tausend Gästebetten.

Ideal für Individualisten, die nichts vom Massentourismus halten.

Und dann gibt es vor der Küste Lanzarotes noch das Inselchen **La Graciosa**, so klein, dass es bei den Hauptinseln nicht mitgezählt wird. Ideal für diejenigen, die ganz, ganz weit weg vom Schuss wollen.

Fehlt nur noch vom Balkon, die Aussicht auf den Dom? Das wäre nun wirklich zu viel verlangt, wenn eine der größten und schönsten Kathedralen der Welt auch noch auf den Kanarischen Inseln stünde.

2. Schlaglicht
Was ist wo am Schönsten?

Die besten Sandstrände:
Maspalomas/Playa del Inglés in **Gran Canaria**
Corralejos und Jandía auf **Fuerteventura**

Die meisten Sonnenstunden:
Los Cristianos/Playa de las Américas auf **Teneriffa**
jeweils auf den Südseiten der Inseln, in La Palma im Westen

Surferparadiese:
Corralejos, Jandia und viele andere Orte auf **Fuerteventura**
El Médano auf **Teneriffa**
Caleta de Famara auf **Lanzarote**

Die schönsten Städte und Städtchen:
Puerto de las Cruz und Orotava auf **Teneriffa**
Vegueta, die Altstadt von Las Palmas de **Gran Canaria**
Teguise und Haría auf **Lanzarote**
Betancuria auf **Fuerteventura**
Santa Cruz de **La Palma**

Die hübschesten Touristenorte:
Puerto de la Cruz auf **Teneriffa**
Puerto de Mogán auf **Gran Canaria**
Corralejos auf **Fuerteventura**
Valle Gran Rey auf **La Gomera**
Puerto Naos auf **La Palma**

Die tollsten Gebäude:
Auditorium in Santa Cruz auf **Teneriffa**
Casa de los Balcones in Orotava auf **Teneriffa**
Kathedrale von Arucas in **Gran Canaria**
Casa de los Coroneles in La Oliva in **Fuerteventura**

Die besten Parks:

Botanischer Garten in Puerto de la Cruz auf **Teneriffa**

Loro Parque in Puerto de la Cruz auf **Teneriffa**

Die außergewöhnlichsten Hotels:

Costa Meloneras und Villa del Conde in Maspalomas auf **Gran Canaria**

Mare Nostrum Resort (Vorsicht Kitsch!), Villa Cortés, Jardín Tropical und Bahía del Duque in Playa de las Américas/Costa Adeje auf **Teneriffa**

Meliá Salinas in Costa Teguise auf **Lanzarote**

Parador Nacional auf **La Gomera**

Parador Nacional auf **El Hierro**

Hacienda San Jorge in Los Cancajos auf **La Palma**

Die meisten guten Restaurants:

in Puerto de la Cruz und in Playa de las Américas/Costa Adeje auf **Teneriffa**

Die gigantischsten Berglandschaften:

Nationalpark um den Teide auf **Teneriffa**

Zentrales Gebirgsmassiv auf **Gran Canaria**

Teno-Gebirge mit der Masca-Schlucht auf **Teneriffa**

Bergwelt von **La Gomera**

Vulkankrater Caldera de Taburiente auf **La Palma**

El Golfo-Krater auf **El Hierro**

Die besten Aussichtspunkte:

Mirador del Río auf **Lanzarote**

Blick auf Teneriffa von der Straße von Arure
nach San Sebastian (**La Gomera**)

Mirador de Palmarejo auf **La Gomera**

Cumbrecita und Roque de los Muchachos auf **La Palma**

Mirador de la Peña und Mirador Jimana auf **El Hierro**

Die außergewöhnlichsten Landschaften:

Nationalpark um den Teide auf **Teneriffa**

Nationalpark Timanfaya/Lavafelder auf **Lanzarote**

Grüne Lagune bei El Golfo auf **Lanzarote**

Weinfelder von La Gería auf **Lanzarote**

Höhlen von Jameos del Agua und Cueva de los Verdes auf **Lanzarote**

Prähistorische Wälder im Nationalpark Garajonay auf **La Gomera**

Die spektakulärsten Steilküsten:

Los Gigantes auf Teneriffa

Wildromantische Buchten im Nordwesten La Palmas

Los Órganos auf La Gomera

Westküste El Hierros

MEINE 12 PERSÖNLICHEN HIGHLIGHTS

- Nachtwanderung durch die Dünen von Maspalomas auf Gran Canaria (Seite 41)

- Besteigung des Teide auf Teneriffa (Seite 19)

- Sonnenuntergang bei der Bar Maria im Valle Gran Rey auf la Gomera (Seite 77)

- Fahrt durch Mondlandschaften und Farbenpracht auf Lanzarote (Seite 53)

- Spaziergang durch den Prähistorischen Zauberwald von La Gomera (Seite 76)

- Blick auf den Teide von La Gomera aus (Seite 78)

- Ein romantisches Dinner im Jardín Tropical in
  Playa de las Américas auf Teneriffa oder in der
  Casa Montesdeoca in Las Palmas auf Gran Canaria
  (Seite 33 / Seite 41)

- Wanderung zu den Quellen von Marcos und Cordero
  auf La Palma (Seite 97)

- Fahrt zur Villa Winter auf Fuerteventura (Seite 73)

- Entdecken der wilden Buchten im Nordwesten
  von La Palma (Seite 94)

- Blicke in den Sternenhimmel über La Palma (Seite 87)

- Drei Tage entspannen in Puerto de la Cruz auf Teneriffa
  (Seite 21)

3. Schlaglicht
Teneriffa, Norden und Teide

Nationalpark Teide

Teneriffa, die Grandiose. Die größte der Kanareninseln ist vielfältig wie keine andere; alle 10 Kilometer herrscht ein anderes Mikroklima. Von Halbwüsten über riesige Bananenplantagen, schwarzen wie weißen Stränden, lauschigen Buchten, atemberaubenden Steilküsten, fruchtbarem Hügelland mit tausenden von bunten Blumen, Palmenhainen, Urwald, Hochgebirge bis zu vulkanischen Mondlandschaften ist alles da. Über all diesen Naturwundern wacht der **höchste Berg Spaniens**, und das ist gut so. Denn fast 50% der Insel stehen unter Naturschutz; im Jahre 2007 wurden der Teide und sein Nationalpark zum Welterbe der UNESCO erklärt. In der Sprache der Ureinwohner bedeutet Teneriffa der weiße Berg. Der Vulkan hatte früher keinen allzu guten Ruf: das Wort Teide stand nämlich für Hölle, und in seinem Krater hauste der böse Geist Guayote, dem man besser nicht zu nahe kam. Als Christoph Kolumbus im Jahre 1492 nach Amerika segelte, hat der Teide Rauch und Asche gespuckt. Ein fürwahr makabres Lebewohl! Den vorerst letzten Gruß aus der Hölle gab es im Jahre 2006; einige Wissenschaftler befürchteten einen Ausbruch des Vulkans, der dann aber nicht eintrat.

Alexander von Humboldt war von der Megabiodiversität Teneriffas fasziniert. Wie es so seine Art war, hat er gestaunt, gesammelt und katalogisiert; und er hat es sich nicht nehmen lassen, den Teide zu besteigen. Kurz unter dem Gipfel hat er das Teide-Veilchen entdeckt, ein Blümchen, das noch in einer Höhe von 3600 Metern zu blühen vermag.

Highlights:

Das ist schon ein Ding: der höchste Berg Spaniens mit seinen sage und schreibe 3718 Metern steht auf einer winzigen Insel im Atlantik, einer Insel, die nur etwas mehr als halb so groß ist wie Mallorca. Der **Teide** ruht in einer etwa 2000 Meter hohen Ebene, die von halb eingestürzten Kraterwänden umschlossen wird. In diesem Kessel hat die Natur ein traumhaftes Farbensemble in schwarz und braun, ocker, gelb und grün geschaffen, aus Asche und bizarr erstarrter Lava, aus Felsformationen und sich zwischen das Gestein duckenden Gräsern, aus einem stahlblauem, glasklaren Gebirgshimmel und einer Wüste, die lebt. Seltene Blümchen und riesenhafte Pflanzen setzen jedes Frühjahr bunte Farbkleckse in eine Landschaft, die garantiert auch dem Mann im Mond gefallen würde. Und hoch über dieser fremdartigen Welt ragt die schroffe Spitze des Teide in den Himmel.

Soll das Teide-**Erlebnis** so intensiv und hautnah wie möglich sein, dann machen Sie es wie Alexander von Humboldt im Jahre 1799. Obwohl der Forscher nicht länger als eine Woche auf Teneriffa war, hat er nicht lange überlegt und den höchsten Berg Spaniens bestiegen. Humboldt musste den gesamten Weg von Puerto de la Cruz zu Fuß bewältigen. Da haben wir es heute etwas leichter. Bei den üblichen, organisierten Touren wird man mit einem Bus bis zur Montaña Blanca auf etwa 2350 Meter gebracht; von dort beginnt ein ca. 5 bis 6-stündiger Aufstieg, vorbei an den berühmten **Teide-Eiern**, gewaltigen, ovalen Gesteinsbocken, die wahrscheinlich aus der Spielzeugkiste eines Riesen stammen und beim letzten Ausbruch des Vulkans hier liegen geblieben sind. Bald darauf geht der recht gemütliche Weg an der Flanke des Vulkans in einen steilen Zick-Zack-Kurs über. Irgendwann sorgt die Höhe dafür, dass etwas Blei in die Knochen fließt und die Lungenflügel zu schnaufen beginnen. Dabei ist die Luft so klar, als gäbe es auf der ganzen Welt keinen einzigen Schornstein. Der Himmel erklärt, was himmelblau ist, und am Wegesrand wachsen so seltene Pflanzen wie der Teide-Feuerkopf. Die Schutzhütte auf 3260 Metern und die **Bergstation** auf 3550 Metern laden zu kleinen Verschnaufpausen ein. Wenn Sie dann die letzten 150 Meter zum Gipfel erklimmen, hat ein **Glücksgefühl** die Erschöpfung aus den müden Knochen vertrieben. Der Vulkangeist Guayote hat sich über die Jahre an Besucher gewöhnt; er grüßt mit schwefligem Atem aus dem Krater. Die Welt ist vom **Gipfel** des Teide betrachtet unendlich klein. Da ist Teneriffa eine winzige Insel, da könnte man mal eben zu Fuß nach Puerto de la Cruz oder in das Añaga-Gebirge schlendern; so sieht es wenigstens aus. La Gomera liegt gleich da vorne, und die Linie des Horizonts scheint sich ein wenig zu wölben.

Wenn die Teide-Besteigung nicht als Extremtraining gedacht ist, haben Sie sich die Rückfahrt mit der **Seilbahn** (made in Switzerland) verdient. Ich empfehle, die Wanderung mit einer organisierten Tour zu machen; in der Gruppe und mit Führer schnauft's sich besser. Außerdem werden die nötigen Formalitäten erledigt. Denn für jede Besteigung des Gipfels, auch von der Bergstation der Seilbahn aus, muss man sich bei der Naturschutzbehörde vorher anmelden. Gut so, ansonsten wäre das Naturwunder rettungslos überlaufen und die Bergspitze würde im Laufe der Zeit immer flacher getreten.

In den Wintermonaten zwischen Dezember und März zeigt sich der Teide bisweilen mit einer äußerst schicken Schneekappe. Dann sind allerdings keine Gipfelbesteigungen möglich.

Puerto de la Cruz: In meinen Augen die schönste Stadt der Kanarischen Inseln, eingebettet in ein immergrünes Bananen- und Bunte-Blumen-Tal; Humboldt's und Agatha Christie's Stadt, eine inspirierende Gartenstadt, ein bisschen ursprünglich und ein bisschen mondän, ein bisschen alter Fischerhafen und ein bisschen Westentaschen-New York. Das gewachsene Gegenstück zu den Reißbrett-Urbanisationen im Süden der Insel. Traumschön ist ein Spaziergang über die Steilwandpromenade vom Aussichtspunkt Mirador de la Paz bis zum Hotel Semiramis. Auf der Promenade finden Sie auch den besten Platz für den abendlichen Drink vor oder nach dem Dinner: das Café Bellamar mit dem weiten Blick über die Stadt und das Meer.

Tipps:

Bisweilen fasziniert moderne Architektur durch gewagte Formen, zu denen man einfach nur „Wow" sagen kann. Schauen Sie mal, welch blütenweißen Bogen das irre Flügeldach des **Auditoriums von Santa Cruz** in den azurblauen Himmel wirft; das ist mehr als cool.

Faszinierende Architektur, das Auditorium in Santa Cruz

Der **Palacio Insular** in Santa Cruz ist monumental und verspielt zugleich; er wirkt wie die Miniaturausgabe vom Palacio Salvo, dem Wahrzeichen von Montevideo in Uruguay. Der im Jahre 1940 fertig gestellte Sitz der Inselregierung ist eins der Werke von José Enrique Marrero, jenem Architekten, der den gefälligen, manchmal etwas pompösen neo-kanarischen Baustil prägte, der uns an verschiedenen Stellen der Insel begegnet.

Die Kolonialstadt **La Laguna** war einmal die Hauptstadt Teneriffas; mit ihrem schachbrettartigen Grundriss diente sie als Modell für die vielen Kolonialstädte der Spanier in Südamerika. Etwa 600 bis heute erhaltene Gebäude aus der Zeit der Eroberung der neuen Welt sprechen für sich. Dieses einmalige Ensemble hat die UNESCO überzeugt; seit 1999 ist La Laguna Weltkulturerbe. Greifbare, spürbare Geschichte lädt zu einem Spaziergang in die alte Zeit ein. Die meisten Besucher/

innen begnügen sich mit einem Tagesausflug; doch eindrucksvoller, authentischer ist das Erlebnis auf der Zeitschiene, wenn man eine Nacht dort bleibt und das historische Ambiente etwas länger auf sich wirken lässt. Die dazu gehörigen, dicken Mittelaltermauern und knarrenden Dielen finden Sie im **Hotel Aguere** auf der *Calle Obispo Rey Redondo 55-57* im Herzen der Altstadt (Doppelzimmer ca. 80 Euro). Von all den prächtigen Gebäuden La

Kolonialstadt La Laguna

Lagunas hat mich der wundervoll restaurierte Konvent **San Agustín** am meisten beeindruckt. Die beiden Innenhöfe mit ihren verwitterten Säulen und der Blick durch tropische Pflanzen auf den uralten Kirchturm sind unvergesslich. Und vor der Tür begrüßt uns ein stattlicher Drachenbaum. Eine richtig traditionelle Kneipe zur nachhaltigen Stärkung während der Besichtungstour ist der **Bodegón Viana** mit seinen riesenhaften Portionen (*Calle Viana 35*).

Im Nordwesten der Insel liegt **Punta del Hidalgo** mit seinem AOK-fähigen Hotel Océano, der stille Urlaubsort für den Dritten Frühling und die Generation Rollator. Auf die noch fitten Gäste warten Meerwasserschwimmbäder, in die bei hohem Seegang urgewaltige Wellen hinein knallen – ein spektakuläres Wassererlebnis vor der genauso spektakulären Kulisse des steil aufragenden Añaga Gebirges.

Am Ende der Bucht erbringt der im Jahre 1992 erbaute, todschicke **Faro de Punta de Hidalgo** den Beweis, dass ein Leuchtturm auch einmal anders aussehen kann als die übliche Schachfigur mit Meerblick.

Todschick, der Leuchtturm von Punta de Hidalgo

Puerto de la Cruz wird nicht umsonst gerne als Gartenstadt beschrieben. Der **Botanische Garten** entführt seine Besucher/innen in eine fremde, tropische Welt mit Urwaldbäumen, mit Orchideen, dem seltsamen Leberwurstbaum und mit Lianen – so richtig was für Tarzan und Jane. Im **Orchideengarten Sitio Litre** sind schon Alexander von Humboldt und Agatha Christie lustgewandelt. Er ist mit seinen 235 Jahren der älteste Garten von Puerto de la Cruz und von Beginn an „british owned". Hier steht der größte Drachenbaum der Stadt. Wer es mehr mit den Tieren hat, besuche den **Loro Parque**, eine tierische Kunstwelt der Superlative, mit hüpfenden Delphinen in Varieté-Formation und prächtigen Eisbergen für die Pinguin-Kolonie; seltene Tiere gleich im Dutzend, darunter ein weißer Löwe, der aussieht wie ein Plüschtier. Allein 3000 Papageien krakeelen um die Wette. Der beste Tierpark auf den Kanarischen Inseln – und einer der besten und größten Europas.

Ein etwas verstecktes Kleinod: der **Jardín Acuático de Risco Bello**. Dieser verwinkelte Garten mit Teichen, Grotten, Seerosen und schwarzen Schwänen liegt oberhalb der Stadt gleich neben dem mittlerweile geschlossenen **Casino Taoro**. Angeschlossen ist ein lauschiges, von einer alten Dame geführtes Gartencafé. Einmal dort, lohnt es sich einen geschichtsträchtigen Blick auf das vor sich hin gammelnde Kasino zu werfen. War dies doch dereinst das legendäre Gran Hotel Taoro, von dem Sir Winston Churchill die phänomenale Aussicht über Puerto de la Cruz genossen haben soll. Die vorwiegend britische High Society, für die diese edle Herberge im Jahre 1893 errichtet wurde, hatte in der Tat einen erlesenen Geschmack. Da fragt man sich schon, warum ein so einzigartiges Hotel nicht längst restauriert worden ist.

Puerto de la Cruz by Night: Die **Plaza del Charco** und die drum herum liegenden Sträßchen des Hafenviertels sind das Herz der Gastlichkeit. Besonders nett präsentiert sich die **Calle del Lomo**, wo ein hübsches Restaurant neben dem anderen steht – italienisch, spanisch, Tapas oder international, ganz was Sie wollen. Wir haben sehr gut bei Mamma Rosa gegessen. Gleich an der Plaza ist mir der Rincón del Puerto aufgefallen, ein herrlich wurmstichiger Patio mit lauschigen Lokalen.

In Puerto de la Cruz gibt es noch zwei echte Pioniere der kanarischen Hotellerie, beide auf der *Calle Quintana*, gleich gegenüber der Hauptkirche, der Iglesia de Nuestra Señora de la Peña: Das **Hotel Marquesa** ist seit 1887 in Betrieb und logiert in einem Gebäude aus dem Jahre 1712 mit einem einmalig schönen Innenhof voller bunter

Ein bisschen ursprünglich und ein bisschen mondän, Puerto de la Cruz

Blumen, Kacheln und Holzbalustraden. Hier soll im Jahre 1799 schon Alexander von Humboldt genächtigt haben, allerdings nicht in den heutigen Zimmern, die sich in einem Anbau befinden und mit dem kahlen Charme der Nachkriegszeit glänzen (Doppelzimmer ca. 60 Euro). Zwei Häuser weiter das stimmungsvolle **Hotel Monopol** in einem 30 Jahre jüngeren Haus; für Hotelgäste öffnete es seine Pforten im Jahre 1905 (Doppelzimmer ca. 80 Euro).

Auf einer Landzunge vor der mondänen *Avenida de Colón* liegt die extravagante, öffentliche Badelandschaft **Costa Martiánez**, die schicke Antwort des kanarischen Ausnahmekünstlers César Manrique auf die Entscheidung des Lieben Gottes, so gut wie keine Strände an die Nordküste Teneriffas zu legen.

Da, wo die *Avenida Colón* auf den *Paseo San Telmo* trifft, kauert sich ein schnuckeliges Kirchlein im Schatten der modernen Hochhäuser: die **Ermita San Telmo**, eine Kapelle aus dem 18. Jahrhundert. Hier werden übrigens auch Gottesdienste in deutscher Sprache zelebriert.

Am westlichen Ende des **Paseo San Telmo** verstecken sich zwei spanisch-italienische Gemischtkost-Restaurants in den Felsen. Das Erlebnis dieses Ortes ist nicht so sehr ein Kulinarisches; es ist das Gefühl, in einer Höhle zu speisen, unter der das rauschende Meer gegen die

Steine schlägt. An rauen Tagen läuft ein dramatischer Schwarzweiß-Film ab: wütende Wasser, sprühende Gischt und schwarze Lava, auf der von Zeit zu Zeit eine weiße Taube landet. Darüber, wie eine Pappkulisse, die elegante Skyline des modernen Puerto de la Cruz.

La Orotava zählt zu den hübschesten Orten des Archipels, ein Augen- und Fotohighlight: Die Seele streichelnde Gärten voll bunter Blumen, Drachenbäumen und Palmen, reich verzierte Stadtpaläste, uralte Häuser mit kunstvoll beschnitzten Balkonen und lauschige Gassen. Einmal im Jahr legt das Städtchen noch einen drauf: Dann werden die Straßen für die Fronleichnamsprozession über und über mit Teppichen aus bunten Blüten geschmückt. Die Prozession findet nicht am Festtag selbst, sondern eine Woche später statt. In La Orotava steht auch die berühmte **Casa de los Balcones** aus dem Jahre 1632 mit ihren einmalig schönen Holzbalkonen. Sie beherbergt heute einen Andenkenladen und ein Museum, das Wohnungseinrichtungen und Lebensstil der damaligen Zeit zeigt. Nicht schlecht ist auch die gegenüberliegende, ebenfalls uralte Casa del Turista. In der dortigen, kleinen Ethno-Abteilung gibt es eine **Modenschau der**

Einmalig schön, die Casa de los Balcones

Ureinwohner mit einer Schaufensterpuppe im todschicken Fell, sehr sexy und umgarnt von vier ebenso leicht bekleideten Jünglingen. Manche Historiker sagen ja, bei den alten Guanchen hätten die Frauen das Sagen gehabt.

Eines der Wahrzeichen Teneriffas ist der **Drachenbaum**. Den größten und ältesten dieser riesigen, archaisch schönen Gewächse finden Sie in **Icod de los Vinos**. Der stattliche Baum ist 17 Meter hoch und soll über 1000 Jahre alt sein. Manche sagen, er sei noch viel älter; doch wie alt er wirklich ist, weiß niemand so ganz genau. Auf jeden Fall ist Opa Drago längst zum Pflegefall geworden; seine morschen „Knochen" werden mit Zement und baumorthopädischem Gestänge gestützt. Das Ganze ist so geschickt gemacht, dass man ihm seine Gebrechlichkeit nicht ansieht.

In der Nähe von Icod de los Vinos liegt eine der größten Lavahöhle Europas: la **Cueva del Viento**; seit ein paar Jahren gibt es ein Besucherzentrum, das auch Führungen in einen Teil der riesigen Höhle anbietet (Infos unter www.cuevadelviento.net).

Das malerische Minidorf **Masca** ist eins der beliebtesten Ausflugsziele Teneriffas. Doch trotz allen Andrangs bleibt die Fahrt von Santiago de Teide nach Masca ein kleines Abenteuer mit atemberaubenden Aussichten in eine beängstigend schöne Bergwelt. Die halsbrecherische Straße schlängelt sich an den fast senkrecht abfallenden Felswänden des Teno-Gebirges entlang, ein bautechnisches Meisterwerk, mehr Achterbahn als Fahrweg und in Sachen Schwindelfreiheit auf eigene Gefahr. Einmal in Masca angekommen bietet sich für trittfeste und strapazierfähige Wanderer ein etwa vierstündiger Abstieg durch die grandiose Schlucht hinunter zum Meer an. Da der Weg nicht ganz einfach ist, empfehle ich, mit einer geführten Gruppe zu gehen. Das hat den zusätzlichen Vorteil, dass ein guter Veranstalter Sie dann unten abholen und mit dem Schiff nach Los Gigantes bringen wird. Diese Bootstour garantiert fantastische Aussichten auf die Steilküste, und im Wasser zeigen sich mit ein bisschen Glück Delphine oder auch Wale.

Geheimtipps:

Wenn Sie im Norden Teneriffas über die Dörfer fahren, dann achten Sie doch mal auf winzig kleine Tavernen, die **Guachinches** genannt werden. Oft genug sind es nicht mehr als alte Garagen, in denen der Wirt zwei oder drei Tische aufgestellt hat. Hier gibt es großartige, kanarische Hausmannskost für kleines Geld, meist aus Produkten, die auf den eigenen Feldern gewachsen sind.

Wer seinen Urlaub auf Teneriffa verbringt und die Insel von ihrer schönsten Schokoladenseite aus betrachten möchte, sollte einen **Tagesausflug nach La Gomera** machen. Denn von nirgendwo ist der Blick auf den Teide so überwältigend wie von der bezaubernden Nachbarinsel. Wahrhaft majestätisch erhebt sich der höchste Berg Spaniens aus dem Atlantik. Mit diesem Blick muss sich Kolumbus von Europa verabschiedet haben, als er nach Amerika aufbrach. Die besten Aussichtspunkte liegen an der Straße von San Sebastian nach Arure; hier fahren auch alle Ausflugsbusse vorbei.

Das riesenhafte, bei Puerto de la Cruz in den Fels geklotzte **Gran Hotel Semiramis** klebt wie aus der Zeit gefallen an den Klippen der Steilküste; ein Museum der Hotellerie der 1960er und 1970er Jahre. Vor den riesigen, mit Laminat ausgelegten Zimmern schweben die Balkone fast Schwindel erregend über dem Ozean; ich fühlte mich wie auf einem Hochstand mit Meerblick. In Seminaris wandeln die Gäste durch ein Wohnsilo mit viel Marmor und

Ein bautechnisches Meisterwerk, die Straße nach Masca

kantiger, etwas abgetretener Eleganz, so gar nicht dem heutigen Geschmack entsprechend. Dafür kostet es aber auch nicht mehr viel, in der Nebensaison bekommt man ein Doppelzimmer mit akzeptabler Halbpension für 70 Euro – das ist unschlagbar.

Kuriositäten:

Nicht weit von der Plaza del Charco, auf der *Calle Pérez Zamora 16* in Puerto de la Cruz verwöhnt die **Casa Régulo**, eins der Top-Lokale seit 1986 seine Gäste. Das Restaurant ist immer voll und mit einer Vielzahl von Gourmet-Preisen ausgestattet. Und was findet sich unter vielen Gerichten aus Spanien und anderen Ländern auf der Speisekarte: Eisbein und Rindsleber Berliner Art – da frohlockt doch der Lokalpatriot von der Spree.

Alter schützt vor Seltsamkeiten nicht. In der kleinen **San Francisco Kirche** an der *Calle Quintano* in Puerto de la Cruz steht unweit des Eingangs eine gotische Skulptur aus dem 15. Jahrhundert; sie zeigt einen Christus, der keine Arme hat.

Im Jahre 1788 ließ König Karl III. von Spanien am südöstlichen Stadtrand von Puerto de la Cruz einen so genannten **Akklimatisierungsgarten** anlegen. Die Idee war, exotische Pflanzen aus den damaligen Kolonien an das raue Klima Spaniens zu gewöhnen. Im ewigen Frühling Teneriffas gediehen die tropischen Gewächse prima, doch mit Akklimatisierung war nix. Auf dem spanischen Festland gingen die Tropengewächse schließlich ein. Die herrliche Pflanzensammlung blieb indes erhalten, und so entstand aus einem Satz mit x einer der schönsten botanischen Gärten der Welt, der **Jardín Botánico** von Puerto de la Cruz (siehe auch oben bei Tipps).

Mit Leidenschaft und Tatkraft ist es dem spanischen Straßenbau gelungen, selbst der zerklüfteten, wildromantischen Berglandschaft oberhalb von Masca einen seiner geliebten **Kreisverkehre** abzuringen.

4. Schlaglicht
Teneriffas Süden

Meerblick

So manch eine/r wird sich fragen, warum ich denn wohl ein ganzes Kapitel dem trockenen Süden Teneriffas widme. Fast alle landschaftlichen und kulturellen Highlights befinden sich doch entweder im Norden oder in der Mitte der Insel. Ganz einfach: vier der fünf Millionen Gäste, die jedes Jahr nach Teneriffa kommen, verbringen ihre Ferien an den Stränden und Badelandschaften des Südens. Und in der Tat, auch hier gibt es eine Menge zu entdecken. Doch lassen Sie mich damit anfangen, wie alles begann:

Es war einmal, ganz im Süden der Insel, ein trauriger Fischerhafen, auf den die Sonne an über 350 Tagen im Jahr unbarmherzig hernieder brannte. Der Ort hieß **Los Cristianos** und lag in einer lebensfeindlichen Halbwüste, die lange Zeit die Menschen abschreckte. Seinen steinigen, grauen Strand nannte man **Playa de las Américas** – sollen doch hier dereinst verzweifelte kanarische Emigranten auf ein Schiff nach Amerika gewartet haben. Anfang der 1960er Jahre haben mutige Unternehmen die ersten Hotels in diese Ödnis gebaut. Drum herum kein Baum und kein Strauch, nur der Ozean, der sein Salzwasser gegen die grauen Steine spülte. Der Polyglott-Reiseführer schrieb 1967 mit Weitsicht und Blick auf die Holperpisten, die das Gelände durchzogen: „Mit besseren Verkehrsverbindungen könnte sich hier in naher Zukunft ein Touristenzentrum bilden." Weniger als ein halbes Jahrhundert später stehen wir staunend vor einem der größten Ferienorte Europas, vor einer schier gigantischen Spaß-Stadt mit mehr als 200.000 Gästebetten. Sie zieht sich von Los Cristianos über Playa de las Américas bis zur östlich davon gelegenen **Costa Adeje** und will auch dort nicht enden: Eine neue Welt aus Beton und von Menschenhand geschaffenen Stränden, aus Neon, Asphalt und Tausenden von Palmen. Bettenburgen und Luxushotels, Einkaufszentren und Supermärkte voller Touristenbedarf, Restaurants, Fressbuden und Bars, Spielhöllen und Varietés, Spaßbäder und exotische Vergnügungsparks, in denen genauso exotische Tiere eingesperrt sind, reihen sich aneinander. Die einstmals schroffe Küstenlinie hat sich in eine Promenade verwandelt, auf der man herrlich flanieren kann. So ist aus dem fast nutzlosen Brachland eine schöne, künstliche Welt entstanden, bei der man bisweilen den Eindruck hat, dass selbst die Palmen aus Plastik sind. Das ganze wirkt wie ein in die Breite gebauter Turmbau zu Babel, bei dem statt Gotteslästerung „All Inclusive" angesagt ist. Städtebaulich Gewachsenes findet man allenfalls in der Gegend um den Hafen von Los Cristianos, denn den gab es ja auch schon bevor der Spaß losging.

Highlights:

In der schönen, neuen Welt von **Playa de las Américas/Costa Adeje** gibt es keine Naturwunder, keinen Petersdom und keinen Louvre. So heißt es flexibel bleiben und mal eine **Hotelrundfahrt** zu machen. Im Ernst, Sie werden staunen, wie unbefangene Architekten nach Herzenslust durch Baustile und Kontinente, durch Weltgeschichte, Science Fiction und Kitsch surfen. In der Luxusklasse ist der griechisch-römische Freistil besonders beliebt: klotzig, säulenbewusst und mit jeder Menge Marmor. Das Hotel **Bahía Princess** in Costa Adeje pflegt diesen Stil in Reinform; das Iberostar-Hotel **Anthelia** mischt das Ganze mit altspanischen Landgut-Elementen. Die Fünf-Sterne Residenz **Villa Cortés** in Playa de las Américas setzt auf mexikanische Hazienda mit orientalischer Kuppel und lockert das Ganze durch fröhlich schimmernde Farben auf. Wer von der lärmenden Straße hinter die schweren Mauern in den feudalen Patio der Villa Cortés flieht, wird sofort von himmlischer Ruhe betört. Für Leute, die Tourismusgeschichte interessiert, wird in einem Nebenraum des Foyers in einer Fotogalerie eindrucksvoll dokumentiert, wie eine schnöde Bettenburg gesprengt wurde, die einst an dieser Stelle stand. Getoppt wird die Villa Cortés vom **Gran Hotel Bahía del Duque** in Costa Adeje; hier hat man gleich ein ganzes südeuropäisches Dorf nachgebaut und so der reichen und schönen Urlaubswelt einen pittoresken Rahmen gegeben. Im **Mare Nostrum Ressort** in Playa de las Américas erhebt sich hinter einer klotzigen Tempelsilhouette aus dem alten Griechenland eine imposante Maya-Pyramide. Zu diesem ziemlich abgedrehten Ensemble gehört das 4-Sterne-Hotel Cleopatra mit einer von römischen Säulen gespickten Poollandschaft, die aussieht wie das Altertum in einem Asterix Film. Da tummeln sich Göttinnen und Muskelmänner aus Alabaster vor einem knallbunten, überdimensionalen Fresko mit der Sagenwelt der klassischen Antike. Gäste aus Amerika werden frohlocken und

Abgedreht, das „Mare Nostrum Ressort"

endlich davon überzeugt sein, dass auch das alte Europa noch schöne Dinge zu vollbringen vermag. Zumal gleich nebenan ein verspiegeltes Raumschiff steht, dem der Architekt eine Rückfront in Schweinchen-rosa und Pink verpasst hat (Hotel Sir Anthony).

Erfrischend normal zeigt sich das **Jardín Tropical** in Costa Adeje, ein schickes Hotel der Oberklasse, das weder überstyled noch über-dreht ist; eine blütenweiße, maurisch inspirierte Anlage inmitten einer tropischen Pflanzenpracht. Das Hotel liegt ganz in der Nähe des neuen Jachthafens Puerto Colón mit all seinen Bars und Restaurants. Idealer Ort für ein romantisches Dinner ist das Restaurant **Las Rocas** gleich unterhalb vom Jardín Tropical. Die Sonne versinkt glühend im Ozean; die Insel La Gomera wird zu einem Scherenschnitt vor der orange leuchtenden Bühne des Horizonts. Ein Gläschen Champagner später schenken Mond und Sterne der beginnenden Nacht ein zartes Licht. Sanfte Wellen streicheln die schwarzen Felsen unter der offe-nen Terrasse, die über dem Meer zu schweben scheint. Eine kleine, aber feine Karte und ein fast liebevoller Service geben dem Dinner für Verliebte einen perfekten, kulinarischen Rahmen (unbedingt vorher reservieren). Wenn Sie das Ganze etwas preisgünstiger haben möchten, gehen Sie nebenan ins Restaurant **El Mago**. Die Küche ist nicht unbedingt magisch, aber absolut solide; man sitzt nicht ganz so phänomenal, doch der Sonnenuntergang ist genauso spekta-kulär.

Tipps:

Das hübsch gestaltete **Centro Comercial San Telmo** oberhalb der Playa de las Vistas bei Los Cristianos ist weniger ein Einkaufszentrum als eine Ansammlung von netten Restaurants, in denen man mit tollem Meerblick speisen kann; die besseren Lokale befinden sich in der oberen Etage.

Mal etwas anderes, etwas, was früher das Übliche war: Die **Bar Nuestro** auf der *Calle San Roque* oberhalb des Hafens von Los Cristi-anos, eine aus den DIN-Normen der touristischen Neuzeit gefallene

Hafenspelunke. Im Angebot sind landestypische Gerichte, viel einheimisches Publikum und ein plärrender Fernseher für alle.

In der Hafengegend von Los Cristianos steht zwischen diversen Lokalen mit Mittelmaßnahrung aus bis zu 12-sprachigen Speisekartenlitaneien ein richtig gutes: **La Taverna del Puerto**, ein baskisches Restaurant mit vielen regionalen Spezialitäten. Man sitzt an der Strandpromenade und hat einen schönen Blick über die Bucht.

Anhänger der **Kleinkunst** kommen in Los Cristianos und Playa de las Américas voll auf ihre Kosten, wenn sie einfach einmal durch die vielen „Engländer-Bars" streunen. Da treten Elvis-Kopien auf, so grottenschlecht, dass sie schon wieder gut sind, amerikanische Folk-Rock-Misch-Masch-One-Man-Bands und ABBA-, Pink Floyd- oder Queen Revivals. Alles Leute, die wahrscheinlich niemals berühmt werden, und trotzdem schweinegut sind – zumindest nach dem dritten Cuba Libre.

Aus der Masse der Retortenhotels von Los Cristianos heben sich zwei Häuser hervor: das **Reverón Plaza** im Stil eines klassischen Stadthotels direkt an dem niedlichen Kirchplatz; und das von außen so betongewaltige **Arona Gran Hotel**: es ist herrlich am westlichen Ende der Bucht gelegen; von tropischer Pflanzenpracht umspielte Ebenen senden Grüße an César Manrique in den Architektenhimmel. Noch ein Stück weiter ruht eine schöne altkanarische Villa auf den Klippen. Sie ist nach wie vor in Privatbesitz und entzieht sich beharrlich den Versuchungen des Tourismus. Hinter der Villa liegt – man höre und staune – ein jungfräulicher Strand.

Los Cristianos ist ein Urlaubsort, bei dem fast alles auch auf **behinderte Gäste** eingestellt ist. Überall gibt es Rampen und schiefe Ebenen, ja sogar die Vermietung von meerestauglichen Rollstühlen, und an der Playa de las Vistas ein Solarium für Rollstuhlfahrer mitten auf dem Strand. Das (Kur)**Hotel Mar y Sol** hat ein sehr Behindertengerechtes Angebot, auch das **Hotel Paradise Park** und einige andere mehr sind absolut barrierefrei. Dadurch werden behinderte Menschen von anderen Urlauber/innen als etwas völlig Normales empfunden –

34

Los Cristianos

eine schöne, faire Sache. Angenehmer Nebeneffekt: die vielen schiefen Ebenen sind auch für Radfahrer sehr angenehm.

Auf dem Weg von Los Playa de las Américas zum weiter nordwestlich gelegenen Puerto de Santiago: wenn man die neuen Edelbettenburgen von La Caleta hinter sich gelassen hat, ist man plötzlich in einem anderen Film, im **Bananen-Film**. Nur noch hier und da steht ein vereinzeltes Hotel zwischen kilometerlangen Plantagen, die rechts und links der Straße übereinander gestapelte Terrassen mit Tausenden von Stauden bedecken. Sehenswert! In Puerto de Santiago selbst gibt es die krummen Früchte dann wieder nur noch auf den Buffets der zahlreichen Hotels.

Gleich nebenan, unterhalb der fast 500 Meter hohen Felsen von **Los Gigantes**, gab es einmal einen grandios gelegenen, windgeschützten Urlauberstrand – bis es am 1.11.2009 zu einem tragischen Unfall kam. Zwei Frauen wurden von Steinen erschlagen, die sich aus der Felswand gelöst hatten. Seitdem ist der Strand gesperrt; die gefährlichen Giganten können nur noch von einem Aussichtspunkt oberhalb des Ortes oder von Ausflugsbooten bewundert werden.

Leider, leider musste auch der wunderschöne Wanderweg in den **Barranco del Infierno** bei Adeje wegen Steinschlaggefahr geschlossen werden.

Wer im Jachthafen von Los Gigantes von plötzlicher Sehnsucht nach heimischen Süßwaren übermannt wird, kann ziemlich am Anfang des Piers im **Café Austria** einkehren. Ansonsten lohnt es sich, bis zum Ende der Promenade durchzugehen und die leckeren Tapas im **Rincón de Antonio** zu probieren. Von der Decke des urigen Gastraums hängen die herrlichen Pata-Negra-Schinken jener glücklichen Edelschweine, die sich nur von Eicheln ernähren.

Das Örtchen **Vilaflor** ist das höchst gelegene Dorf ganz Spaniens und sehr beschaulich, malerisch eingerahmt von einer lieblichen Terrassenlandschaft. An den Ortsheiligen San Pedro de Betancur, erinnern gleich zwei Gotteshäuser: die weiße, Jahrhunderte alte Iglesia San Pedro Apóstol und gleich dahinter das mausgraue Santuario del Santo Hermano Pedro.

Oberhalb von Vilaflor an der Straße zum Teide stehen gleich zwei **Rekordpinien**. Direkt rechts neben dem ersten Aussichts-Parkplatz ruht die dickste Pinie Teneriffas, El Pino Gordo auf einem stolzen Stamm von über drei Metern Durchmesser. Von schräg gegenüber beobachtet die höchste Pinie der Insel ihren dicken Freund aus fast 60 Metern Höhe.

Eine ausnehmend schöne Wanderung mit einem kleinen Wermutstropfen: die Tour von Vilaflor zur Mondlandschaft, der **Paisaje Lunar**. Der Weg aus dem Dorf ist nicht besonders gut ausgeschildert, doch in der Gaststätte am Hauptplatz von Vilaflor gibt es einen Plan (Wanderung PR TF 72), mit dem man sich ausgezeichnet zurechtfindet. Nach ein paar schönen Ausblicken

Mondlandschaft, Paisaje Lunar

auf das malerische Städtchen marschiert man bald auf einem Fels-gepflasterten Fred-Feuerstein-Weg mit Leitplanken aus Stein. Es ist ein Camino Real, ein echter Königsweg, auf dem schon die alten Guanchen unterwegs waren. Es geht durch Schluchten und Pinienwälder, vorbei an zwei Bauernhäuschen, einem fotogenen und einem zerfallenen. Nach etwas mehr als 6 Kilometern hat man dann den Blick ins Tal auf die bleichen Tuffsteinkegel. Die seltsamen Gebilde könnten tatsächlich auf dem Mond stehen, wären sie nicht mittlerweile von Pinien eingerahmt. Oder macht der Mann im Mond auf öko? Im Ernst: An der gesamten Südflanke des Teidemassivs werden Pinien seit vielen Jahren geschützt, um den Wasserhaushalt der Region zu regulieren. Der offizielle Weg führt nicht mehr in die Mondlandschaft hinein, sondern schlängelt sich am Rand der Schlucht entlang. Auch dieser kleine Wermutstropfen hat mit der Bewahrung der Natur zu tun. Die Schutzbehörde hatte nämlich festgestellt, dass zu viele irdische Gäste die außerirdische Landschaft beschädigen. Die Wanderung dauert insgesamt etwa 7 Stunden; danach haben Sie sich eine Stärkung an einem schönen Ort verdient, zum Beispiel in der **Casa Pana** in Vilaflor, einem herzallerliebsten Restaurantchen in einem uralten Haus mit einer lauschigen Terrasse (*Calle Los Castanos 7*, nicht weit von der Plaza). Besser nicht montags wandern; dann hat die Casa Pana nämlich Ruhetag.

El Médano, das Surfer-Mekka Teneriffas, ist direkt am Flughafen Teneriffa-Süd gelegen und vielleicht nicht der allerschönste Ferienort, doch Wind gibt es genug. Was will man also mehr – als Surfer/in jedenfalls.

Die **Basilika von Candelaria** würde als Schmuckstück in jede spanische Altstadt passen. Doch alt ist sie nicht wirklich; die elegante, klassizistische Kirche stammt aus dem Jahre 1959, ein Meisterwerk des kanarischen Architekten José Enrique Marrero. Wenn man das Bauwerk von oberhalb der Stadt mit dem Meer im Hintergrund anschaut, stellt sich ein leichter Neuschwanstein-Effekt ein. In der Kirche wohnt die Jungfrau von Candelaria, ihres Zeichens eine schwarze Madonna und Schutzpatronin des gesamten Archipels.

Schmuckstück, die Basilika von Candelaria

Geheimtipps:

An stürmischen Tagen lädt **Candelaria** zu einem Naturschauspiel der Extraklasse ein. Mit Urgewalt schlagen haushohe Brecher gegen die Uferbefestigung vor der Basilika. Von der kleinen Grotte am Ufer hinter der Kirche betrachtet, verschwindet fast der gesamte Tempel in einer undurchdringlichen Wolke aus sprühender Gischt. Ein 3D-Katastrophenfilm könnte das nicht besser hinkriegen. (Titelbild dieses Buches)

Ein Kontrapunkt zur Schicki-Micki-Küche, keine Fusion, nichts Molekulares, aber auch keine Speisekarten-Litanei, die es allen Touristen Recht machen will: Das französische Restaurant **El Sol – Chez Jacques** in Los Cristianos auf der winzigen *Calle Roma* unweit des Kirchplatzes. Als Hauptgerichte gibt es unvergleichlich gute Filetsteaks oder Huhn, mit verschiedenen, wahrhaft exquisiten Saucen, sonst nichts, aber das perfekt, genau wie die gradlinigen Nachspeisen. Wer nicht gleich merkt, dass er in einem wirklich guten Lokal gelandet ist, beachte den Hinweis auf der Karte: Bitte keinen Ketchup bestellen; der Koch ist Franzose! Er ist einer von der alten Schule, der das wunderbare Lokal schon seit 1974 betreibt.

Kuriositäten:

Auf der Autobahn von Los Cristianos nach Santa Cruz steht bei der Abfahrt Abades eine weithin sichtbare Kirche, deren Silhouette nicht von einem Turm, sondern von einem monumentalen Kreuz beherrscht wird. Bei genauerem Hinsehen ist es eine Ruine. Es lohnt sich, die Autobahn zu verlassen und sich die Sache einmal genauer anzusehen.

Hinter der Kirche verbirgt sich eine frei zugängliche **Geisterstadt** mit mehr als 30 Gebäuden. Etwas Geisterhaftes hat auch die Geschichte der verlassenen Stadt: Lepra war noch Anfang der 1940er Jahre eine auf

den Kanarischen Inseln weit verbreitete Krankheit. Die Regierung beschloss 1941, das Sanatorio de Abona zu errichten, eine Spezialklinik mit Krankenstationen, Wohntrakten, Verwaltungsgebäuden, Krematorium und Kirche, ein ganzes Dorf für Leprakranke. Das gru-

Gruselig, die Geisterstadt bei Abona

selige Ensemble sollte zugleich das größte Projekt von **José Enrique Marrero** werden, dem Stararchitekten Teneriffas, der auch den Stadtpalast von Santa Cruz und die Basilika von Candelaria gestaltet hat. Doch es kam ganz anders. Bereits in den 1940er Jahren wurden wirksame Lepramedikamente erfunden und die Stadt der Verdammten damit hinfällig. Das halbfertige **Sanatorio de Abono** wurde niemals vollendet. Später hat die spanische Armee den Komplex übernommen und dort bis zum Jahr 2000 den Häuserkampf geübt. Danach wurde das Gelände an einen Investor verkauft, der bisher nicht aktiv wurde. Und so ist die Geisterstadt erst mal eine bärenstarke Location für schrille Events, düstere Filmaufnahmen und Videoclips mit Gänsehaut-Effekt.

Die **Unterwasserjungfrau von Los Cristianos**: An der Hafenpromenade steht hinter Glas eine etwa 40 Zentimeter große Figur der Virgen del Carmen, der Schutzpatronin aller Seeleute. Nichts Besonderes? Doch! Die Statue ist die verkleinerte Replik einer lebensgroßen, 800 Kilo schweren Steinmadonna, die man am 4. September 2005 in der Bucht von Los Cristianos versenkt hat. Eine Meeresjungfrau im wahrsten Sinne des Wortes, nur viel schwerer und ohne Flossen.

5. Schlaglicht
Gran Canaria

Die Dünen von Maspalomas

Auch wenn ihr Name uns das suggerieren mag, Gran Canaria ist nicht die größte Kanarische Insel; sie belegt hinter Teneriffa und Fuerteventura den dritten Platz. Immerhin: Las Palmas ist die größte Stadt des Archipels. Die kleine Insel mit dem großen Name zählt fast genauso viele Einwohner/innen (und Touristen) wie Spitzenreiter Teneriffa und kann ihren Besuchern beinahe so viele Landschaftsformen zeigen wie ein ganzer Kontinent. Als in den 1960er Jahren die ersten Touristen in Gran Canaria ankamen, war das Entdecken der tiefen Vulkankrater, fremdartigen Halbwüsten und lieblichen Terrassenfelder, der grandiosen Schluchten, der bizarren Felsen und wunderbaren Berglandschaften mit ihren verpennten Dörfern noch ein kleines Abenteuer. Denn kurz hinter Urlaubsorten schien die Welt zu Ende; angesagt waren Schotterpisten und Eselsritt. Heute schlängeln sich glatte Asphaltbänder mit weißen Randstreifen und Dinosaurier-Tritt-festen Leitplanken wie eine Carrerabahn an den Steilhängen entlang. Bergwelt leichtgemacht und fast so sicher wie im 3D-Kino. Bei den vielen Kurven und Abhängen muss man nur ein bisschen schwindelfrei sein. Die vor einigen Jahren noch ärmlichen Bergdörfer sind lieblich rausgeputzt wie auf der Schwäbischen Alb.

Highlights

Die Dünen von **Maspalomas** liegen an der Südküste Gran Canarias wie von Geisterhand in die Landschaft gesetzt, fast so als ob sich ein Teil der Sahara hierhin verlaufen hätte. Maspalomas bei Tag, das kennen wir aus unzähligen Büchern und Prospekten über die Insel. Doch die Dünen und das milde Klima haben auch bei Nacht ihren Reiz, vorausgesetzt Sie sind gut zu Fuß und haben im Dunkeln keine Angst. Für die fantastische **Nachtwanderung** von Maspalomas nach Playa del Inglés (oder umgekehrt) sollte man mindestens anderthalb Stunden einkalkulieren; anderthalb einzigartige Stunden zwischen dem rauschenden Meer auf der einen und den geheimnisvollen Dünen auf der anderen Seite. Die Sterne funkeln über Ihnen. Manchmal haben ein paar einsame Fischer ihre meterlangen Ruten übers Wasser gespannt und hoffen, dass die Fische durch das Brausen der Wellen von der drohenden Gefahr abgelenkt werden. Auf der Mitte des Weges sind die Ferienorte, selbst der über 100 Jahre alte Leuchtturm von Maspalomas so weit weg und von den Sandbergen verdeckt, dass man ihre tausenden Lichter nur noch erahnen kann.

Die **Calle Montesdeoca** in der Altstadt von Las Palmas ist ein verträumtes Sträßchen zum Arm in Arm Gehen; und wenn ihr euch so richtig lieb habt, geht bloß nicht immer im Hotel ans Buffet, gönnt euch mal ein **Ti Amo-Dinner** im megaromantischen Patio des kleinen Restaurants, das sich in dem Haus mit der Nummer 10 verbirgt.

Tipps:

Ist die majestätische, neugotische Kathedrale **San Juan Bautista in Arucas** nicht viel zu groß für so eine kleine Stadt? Nicht unbedingt; als der Dom im Mittelalter errichtet wurde, da war Köln auch noch ein ziemliches Kaff – für heutige Verhältnisse jedenfalls. Die Kirche in Arucas stammt aus dem 20. Jahrhundert, errichtet nach Plänen eines Schülers des berühmten Architekten Antonio Gaudí, der die Kultur unserer Welt mit der unvergleichlichen Jugendstilkathedrale Sagrada Familia in Barcelona beschenkt hat.

Mietauto-Ausflug Nummer Eins ist die **Tour zur Inselmitte**, zu den eigenwilligen, schroffen Felsen des Roque Nublo und des Roque Bentaiga; sie stehen auf dem Gebirgsmassiv herum wie Goliath's Bauklötze. Vom Aussichtspunkt unterhalb des Pico de las Nieves – mit seinen 1950 Metern der höchste Berg der Insel – hat man bei schönem Wetter den freien Blick über die grandiose Bergwelt. Und in der Ferne ragt die Silhouette des über 3700 Meter hohen Teide aus dem Meer. Wer sich nicht von dieser überwältigenden Aussicht trennen mag, verbringe eine Nacht im **Parador Cruz de Tejeda**. Die edle Herberge liegt ganz in der Nähe, fast genau in der Mitte der Insel, und ist nach einem steinernen Wegekreuz benannt, welches schon seit Jahrhunderten an dieser Stelle steht.

Wie so oft, kann auch das Kleine und Bescheidene schön sein; zum Beispiel das viele, viele Jahre alte, winzige Dorf **Fataga**, das sich an der Straße von Playa del Inglés nach San Barthelomé de Tirajana an den Steilhang kuschelt. Eine Fußgängerzone brauchte man dort nicht einzurichten; sind doch die Gassen so eng und verwinkelt, dass eh kein Auto durchpasst. Es lohnt sich, ein halbes Stündchen oder auch länger durch dieses hübsche Ensemble der Vergangenheit zu stromern. Hier wird ein naives Mittelmeer-Aquarell zur Wirklichkeit: viele tausend Watt Sonnenlicht lassen bunte Blumen und Persil-weiß gekälkte Fassaden vor einen azurblauen Himmel erstrahlen.

Las Palmas ist vielleicht nicht die allerschönste Stadt Spaniens, aber die größte des ganzen Archipels und gewiss nicht ohne Reiz:

Las Palmas, Playa de las Canteras

geschäftig, mediterran und mit einem großen Strand **(Playa de las Canteras)**, der mit ein bisschen Phantasie an die Copacabana erinnert. Die Altstadt von Las Palmas heißt **Vegueta** und hat ein ganz anderes, fast idyllisches Flair. Hier ist der Hund nicht nur in Kupfer vor der Santa Ana Kathedrale aufgestellt, im historischen Zentrum von Las Palmas ist es bisweilen so still, dass man denken könnte, so ein Tier sei hier begraben. Soll die laute Moderne die Stadt doch so viel umarmen wie sie will; sollen Verkehr und Kommerz doch tun, was sie wollen. In den beschaulichen Gässchen von Vegueta hört man vom städtischen Leben nicht viel mehr als die Absätze von Schuhen, die über das Jahrhunderte alte Kopfsteinpflaster klackern. „Richtige" Sehenswürdigkeiten gibt es in Vegueta auch: Das **Kolumbus-Haus**, ein sehenswertes Kolonialgebäude mit herrlichen Innenhöfen und prächtigen Holzbalkonen, erinnert an den Mann mit dem Eier-Trick und seine Entdeckungsfahrten. Die Baustil-gemischte **Kathedrale Santa Ana** ist das größte Gotteshaus der Kanarischen Inseln. Das **Museo Canario** präsentiert einen umfassenden Überblick über Leben und Kultur der Ureinwohner, einschließlich Magie und einer gruseligen Totenkopfsammlung.

Wenn der spanische König auf Gran Canaria ist, übernachtet er gerne im traditionsreichen **Hotel Santa Catalina**. Das-5-Sterne Haus wurde im Jahre 1890 auf freiem Felde zwischen Vegueta und dem Hafen errichtet, damals ganz aus Holz. In den 50er Jahren ist es wiedererstanden in Stein; 2005 wurde es noch einmal komplett modernisiert. Es steht da wie eine Eins mit Stil, mit sehr viel Stil sogar. Ein Tässchen Café auf der Terrasse ist die Anreise wert, egal wo Sie sich auf Gran Canaria auch gerade befinden. Und wer sich die 150 Euro leisten möchte, kriegt ein fürstliches Doppelzimmer für eine ganze Nacht.

Der **Stadtstrand Las Canteras** hat wunderbaren, goldgelben Sand und eine angenehme Promenade, auf der man so richtig schön promenieren kann. Dahinter ein diffuses Sammelsurium aus wenigen alten und vielen modernen Gebäuden unterschiedlicher Anmut und Schrecklichkeit. Das Krankenhaus zeigt sich im kolonialen Stil; das mit 5 Sternen geschmückte Hotel Meliá Las Palmas erinnert eher an Zeiten, in denen es die DDR noch gab. Sehr nett das Restaurant Típico Español mit seinem rauen Hafenstadt-Ambiente; und das Ristorante Porta Italia erwartet Sie in einem historischen Gebäude auf der Promenade etwas weiter im Süden.

Ein properes, sehenswertes Bergdorf, eingebettet in eine immergrüne Berglandschaft, das ist **Teror** im Nordosten der Insel. Das Ensemble der Plaza mit der Basilica Nuestra Señora del Pino wirkt wie ein sorgsam poliertes Stück Spanien aus dem Bilderbuch, Kolonialarchitektur mit Holzbalkonen inklusive. Als

Rummelig, das Ristorante Roma

Luxuriös, das Gran Hotel Costa Meloneras

grünes Extra verteilt sich um den Platz herum eine ganze Sammlung von landestypischen Bäumen, unter ihnen auch die immer etwas geheimnisvollen Drachenbäume, die zu Gran Canaria gehören wie die Eiche zu Deutschland.

Vom Hauptstrand in **Playa del Inglés** schlängelt sich der Paseo Costa Canaria oberhalb der einzigartigen Dünen entlang bis zum Hotel Riu Palace Maspalomas. Die ausgesprochen schön angelegte Promenade lässt einen glatt vergessen, dass der Megaferienort doch eigentlich zum Saufen da ist. Ein Besuch im rummeligen **Ristorante Roma** gleich am Hauptzugang zum Strand rückt die Perspektiven wieder zurecht. Mal sorgen nachgemachte ABBA-Mädchen, mal ein Elvis mit Hüftgold für Stimmung. Die italienische Küche im Roma ist dabei überraschend solide und schmackhaft; auch die Weinkarte hat etwas zu bieten – nur den Tischwein sollte man meiden.

Luxus gefällig, mal gerne abhängen in einer glitzernden Welt des süßen Müßiggangs, wie wir sie aus den Seifenopern von RTL kennen? Im **Gran Hotel Costa Meloneras** in Maspalomas wird mit mehr als

1000 Zimmern und gleich tonnenweise verbautem Marmor der Beweis angetreten, dass Luxus nicht mehr unbedingt exklusiv sein muss. Hier läuft Massenbetrieb in seiner edelsten Form. Zufriedene Neckermänner und konsumierender Geldadel, elegante Herrschaften und gekonnt getakelte Frauen, elastische Golfspieler und stolze Bierbäuchler lassen es sich in schlossartigen Hallen und traumhaften Poollandschaften gut gehen. Für die deutschen Gäste gibt es eine extra Ration Verbotsschilder: geregelte Badezeiten, nicht springen, nicht tauchen, keine Ballspiele und schon gar keine Luftmatratzen im Badeparadies. In diesem Hotel ist etwas Wirklichkeit geworden, von dem die DDR-Führung immer geträumt hat: Ein Palast fürs ganze Volk; dem EU-Spätkapitalismus und den Sonderangeboten von Neckermann & Co. sei Dank. Beim **Hotel Villa del Conde** wird noch einer draufgesetzt; die Halle sieht aus wie eine Kathedrale, genauer gesagt ist es eine Hochglanzkopie der San Sebastian Kirche in Agüimes im Süden von Gran Canaria. So manch ein Bischof wäre froh, wenn er so ein prächtiges Teil in seinem Sprengel hätte. Auch die 4-und 5-Sterne Häuser der **Riu-Gruppe** sind nicht von Pappe und bieten eine ähnliche Traumwelt. In Maspalomas werden Hotels zu Sehenswürdigkeiten, so massiv gebaut, dass ihre Ruinen vielleicht noch dann bestaunt werden, wenn unsere Kultur längst vergangen ist.

Zwischen all den einfachen Fress- und Saufbuden am Holzsteg vor dem grandiosen Maspalomas-Strand versteckt sich ganz in der Nähe des Leuchtturms das hübsche **Restaurant Velero Casa Antonio**. Hier kann der Gourmand sich den Bauch voll schlagen, und auch dem Gourmet könnte es gefallen. Denn alles kommt sehr gut und schmackhaft daher. Dabei sind die Portionen so reichlich bemessen, dass man schon Sumo-Ringer sein müsste, um guten Gewissens zwei Gänge zu bestellen. Der einfache Tischwein schmeckt gut und ist sogar auf den kanarischen Inseln gewachsen.

Auf der neu angelegten Promenade zwischen Maspalomas und der Playa Meloneras sind Stein und Beton Trumpf – den Gehsteig zieren DIN-genormte Riesenspeisekarten, die zu einheitsbreiigen Lokalen gehören. Ein etwas dumpfer Kontrapunkt zu den dahinter stehenden, mondänen Hotels. Auf einem kahlen Hügel am Ende der Promenade throhnt ein futuristisches Einkaufszentrum; es wirkt wie ein UFO, dessen außerirdische Besatzung bemerkt hat, wie schön karg die Landschaft hier ist. Davor das **Ciao Ciao**, ein anständiges Restaurant mit ausgefallener Einrichtung, leicht extravagantem Flair und einer kleinen Fotogalerie, die an Promi-Gäste erinnert.

Ein außergewöhnlich hübscher Ferienort ist **Puerto de Mogán** an der Südküste. Man nennt das Städtchen auch gerne Klein Venedig. Denn clevere Architekten haben die netten Häuschen in den 80er Jahren auf Pfählen in die Bucht gesetzt. Das dahinter liegende, alte Fischerdorf hat noch einiges von seinem rauen Charme bewahrt. Es lohnt sich, einmal hindurch zu spazieren, das Alt-Spanien-Ambiente aufzusaugen und dann den darüber liegenden Aussichtspunkt zu erklimmen. Der vor das alte Dorf gebastelte Venedig-Teil bezaubert

Außergewöhnlich hübscher Ferienort, Puerto de Mogán

durch romantische Brücken und tausende von bunten Blumen, die in den verträumten Gassen ranken. Sie haben die Wahl zwischen vielleicht fünfzig Lokalen, von kleinen Gourmet-Tempeln (Que Tal oder Caracola) bis zu diversen 0815-Restaurants mit einfallslosen Tellergerichten. Einige der Restaurants machen ihr Mittelmaß mit einer Superlage direkt am Kai des schicken Jachthafens wett. Andere überzeugen mit richtig gutem Essen und stilvoller Einrichtung wie das **Ristorante Italiano Clipper** direkt an der kleinen Plaza in „Venedigs" Mitte. Noch ein Tipp für die Anfahrt nach Puerto de Mogan: Nicht nach rechts und nicht nach links schauen; denn nach dem Motto „Schönheit kann nicht ewig sein" hat man die Ortseinfahrt mit einem elefantösen Supermarkt und einem neoklassistischen Hotelmonster der Moderne angepasst.

Im Hafen von Puerto Mogán liegt ein U-Boot mit dem poppigen Namen **Yellow Submarine**. Es zeigt seinen Gästen die Unterwasserwelt vor der Küste; zwar ist der Küstenabschnitt bei den Fischen nicht allzu beliebt, doch er kann mit einem echten Schiffswrack aufwarten: Piratenromantik für Kinder und Junggebliebene.

Warum nicht mal eine **Radwanderung** im wahrsten Sinne des Wortes: ein Stück mit dem Fahrrad und den Rest zu Fuß. Aus Playa del

Radwanderung durch die Einsamkeit der Bergwelt

Inglés/Maspalomas heraus führt ein Kinderpopo-glatt asphaltiertes Sträßchen (GK504) stetig, aber nicht zu steil bergauf in das verschlafene Nest Ayagaures. Nur bei den letzten paar hundert Metern müssen alle die absteigen, die noch nicht für die Tour de France trainiert haben. Den Autofahrern wird freundlicherweise auf der ganzen Strecke mit Schildern signalisiert, dass Fahrradfahren ausdrücklich erwünscht ist. Nach einer kleinen Verschnaufpause auf dem hübschen Platz an der kleinen Kirche von Ayagaures, ist nun Schusters Rappen (oder ein Mountain-Bike) das beste Verkehrsmittel; denn kurz hinter dem Ort geht die Straße in einen holprigen Feldweg über. Er führt vorbei an einem malerisch in die Landschaft gesetzten Stausee. Vor der Staumauer eines zweiten künstlichen Sees heißt es links halten, etwas den Berg hinauf und dann weiter an der linken Seite des Gewässers entlang. Ziel ist der hübsche, aber verlassene Weiler **Las Tederas**. Im Jahr 2007 hatten die altkanarischen Häuschen schwer unter einem Waldbrand gelitten, doch mittlerweile sind sie wieder schön hergerichtet. Auch einige Palmen haben überlebt und zieren die Terrassen-

landschaft zwischen den Hängen der tief in das raue Gebirge geschnittenen Schlucht. Für den Hinweg braucht man etwa zwei Stunden mit dem Fahrrad und weitere zwei Stunden zu Fuß; zurück und bergab geht es etwas schneller; ein Ausflug der Gegensätze vom Rummel der Strände durch das ruhige Gran Canaria in die Einsamkeit der Bergwelt und retour.

Die Canarios lieben **moderne Statuen**, die

irgendwelche Menschen in manchmal mehr und manchmal weniger normalen Posen darstellen: eine Wäscherin, eine Bäuerin mit einem Korb auf dem Kopf (Santa Lucia), ein Mann mit einem Brett – nicht vor dem Kopf (Las Palmas), eine nackte Kontrabassspielerin (Agüimes) und, und, und; man muss sich nur ein wenig auf den verschiedenen Plätzen umschauen und wird immer wieder derart zu Bronze gewordene Zeitgeschichte entdecken.

Geheimtipps:

Das **Hotel Madrid** an der Plaza Cairasco in Las Palmas gibt es seit … – der Kellner weiß es nicht so genau und tippt mutig auf 1830. Auf jeden Fall ist das alte Hotel eine Institution. Eine museumsreife Sammlung von alten Fotos an den Wänden des Gastraums lässt Geschichte Gegenwart werden und zeigt uns, wer über die Jahre schon alles hier war. Auch der heute berüchtigte General Franco hatte mal im Hotel Madrid genächtigt. Auf der Straßenterrasse des Traditionshotels, da können Sie die Zeit für ein paar halbe Stunden einfach stehen lassen, einen großen Café oder zwei Glas Wein trinken, eine Kleinigkeit essen, dabei die laue Luft des ewigen Frühlings genießen und den Menschen in entspannter Seelenruhe beim Flanieren zuschauen.

In der Touristenhochburg Playa del Inglés, selbst im mondänen Maspalomas haben Gourmets es nicht leicht. Nach längerem Suchen bin ich in dem unscheinbaren Vorort El Tablero fündig geworden. Dort hat ein Österreicher in der *Calle Cuba 3* ein kleines Lokal nach dem Jugendstilarchitekten **Gaudí** benannt. Motto des Hauses: das Restaurant, wo Kunst das Größte ist. In Wirklichkeit ist die Küche das Größte; selten habe ich auf Gran Canaria so gut gegessen wie hier. Die mit Mandeln gebratenen Garnelen waren einfach ein Gedicht, und dann sind wir eigentlich schon wieder bei der Kunst.

Kuriositäten:

Man soll es nicht glauben, aber die über und über mit glitzerndem Schmuck behangene Madonna in der Basilika von Teror schielt. Kunst-

historiker erklären den Sil-
berblick damit, dass die Virgen
del Pino mit der einen Gesichts-
hälfte lächelt und mit der anderen trauert. Die schräge Mutter
Gottes soll den Menschen in
Teror vor langer Zeit erschienen
sein. Ihr unvorteilhaftes Äuße-
res muss wohl so Furcht erre-

gend gewesen sein, dass die **schielende Jungfrau** noch heute land-
ein und landaus angebetet wird.

Wie ein Hund zu leben, das braucht man auf Gran Canaria
keineswegs – schließlich sind die Kanarischen Inseln eine Sonder-
wirtschaftszone fast ohne Steuern. Und dennoch, übersetzt bedeutet Gran Canaria wahrscheinlich die **Große Hundeinsel** – der Name
könnte aus dem Lateinischen kommen: Canis, der Hund. Vor der
Kathedrale Santa Ana in Las Palmas hat man gleich acht **Bronze-
Bellos** aufgestellt.

Hinter dem Kolumbus-Haus und auf der Rückseite der Kathedrale
von Las Palmas steht ein lustiges **Denkmal von Néstor Álamo**; der
illustre Inselschriftsteller trägt Brille, Krawatte und Schmerbauch – und
so wird für unsere Nachwelt erhalten, wie ein Mann im zivilisierten 20.
Jahrhundert gemeinhin ausgeschaut hat.

Im Einkaufszentrum **Cita in Playa del Inglés** (*Calle Francia Ecke
Calle Alemania*) hat man sich einfühlsam und konsequent auf deutsche
Urlauber eingestellt: die Männer aus Alemania werden gerne in
geradebrechtem Germanisch und mit Amigo angesprochen. Ob
Currywurst oder Kneipengasse, knallrote Damenschuhe oder die
Sportschau live, hier wird alles geboten, was gut und billig ist. Auch
Parfum und Schmuck kann man finden; ansonsten ist das Angebot an
Dingen mit Niveau eher dünn, und beim Buch wird es dann wirklich
eng. Centro Comercial Cita, eine gelungene Parodie auf deutsche
Lebensart.

6. Schlaglicht
Lanzarote (und La Graciosa)

Das größte Lavafeld der Welt, Timanfaya, die Feuerberge

Es war einmal, da sagte man „Lanzarote ist Manrique und Manrique ist Lanzarote" – so steht es jedenfalls in den Büchern über die Insel. Der begnadete Künstler hat seine Heimat geprägt; er wird verehrt (und vermarktet) wie kein anderer. **César Manrique** wollte die Symbiose von Mensch, Natur und Kunst. Er war gegen Bettenburgen und schnöde Urlaubsfabriken, die die Landschaft verschandeln. Er **schuf** in der Natur und mit der Natur Dinge, die noch heute zu den **Top-Sehenswürdigkeiten** der Insel zählen: den Kaktus-Garten (Jardín de Cactus) und die Erlebnishöhle Jameos de Agua im Nordosten, das traumhaft schöne „Museumshotel" Meliá Salinas in Costa Teguise, den Aussichtspunkt Mirador del Río im Norden und das

Vulkan-Restaurant in den Feuerbergen; hier ein lustiges Windspiel auf einer Verkehrsinsel und dort eine abstrakte Skulptur irgendwo in der Mitte der Insel. Und wenn der engagierte Visionär nicht bei einem tragischen Autounfall im Jahre 1992 gestorben wäre, dann gäbe es noch mehr dieser tollen Dinge – und weniger Schrecklichkeiten in Beton, die so gar nicht in die einzigartige Mondlandschaft Lanzarotes passen wollen.

Highlights:

Timanfaya, die Feuerberge sind das größte Lavafeld der Welt. Das von der Urgewalt des Erdinnern geschaffene, tausendfach zerklüftete, mit Asche verschüttete Gebirge ist so außerirdisch, dass man hier ohne weiteres den „Planet der Affen" hätte drehen können – hat man aber nicht. Dass die Amerikaner auf Lanzarote ihre Mondfähre ausprobiert haben, ist wahrscheinlich auch nur ein (verbreitetes) Gerücht. Die Feuerberge sind Traubenzucker für die Fantasie. Es lohnt sich, die vom Nationalpark angebotene Busfahrt mitzumachen, sie ist kurzweilig und spannend gemacht. Die Dromedar-Tour indes ist Geschmackssache. Der Ritt dauert nur 20 Minuten; zudem sind die schnaubenden Wüstenschiffe viel, viel langsamer als der Bus. Da kommt man also nicht sehr weit. Dafür bieten die Tiere aus dem Morgenland einen beliebten Abenteuereffekt: sie sind gefedert wie ein schrottreifer Cadillac – und ein bevorzugtes Fotomotiv. Die mit Wassereimern betriebenen Geysire vor dem Vulkan-Restaurant mag man als Touristenshow abtun – aber faszinierend ist es schon, dass nur ein paar Meter unter der Lava, auf der wir stehen, eine Höllenglut von mehreren Hundert Grad Celsius wütet.

Nationalpark-Teufel, gestaltet von César Manrique

Die aus Feuer geborene Insel ist ein wahres **Paradies fürs Auge und für Fotografen/innen** – hier sind Farben noch Farben, Kompositionen wie aus dem Malkasten: Tiefschwarze Böden aus Vulkanasche, dazu ganze Ortschaften wie Orzola oder Arrieta, die fast nur aus hartweißen Häusern mit Frühlingsgrünen Schlagläden bestehen. Ferrari-rote Blüten, dazwischen Palmen und Kakteen, die so frisch im Sonnenlicht glänzen als ob sie gerade dem azurblauen Meer entstiegen wären. Oder wie wär's mit einem Hintergrund aus Dünen und Kratern, die mal

Bizarr, die Bucht von El Golfo

beige, mal ocker, mal braun und mal violett unter einem Himmel schimmern, der himmelblauer nicht sein kann. Auf Lanzarote kommen Fotografie und naive Malerei sich ganz, ganz nahe, und das völlig ohne Photoshop-Effekte vom Computer.

In der Bucht von **El Golfo**, gleich westlich von den Feuerbergen ist das Farbenspiel der Natur so krass, dass es sicher auch den Außerirdischen hier gefallen würde. Hinter dem pechschwarzen Strand haben künstlerisch veranlagte Algen eine giftgrüne Lagune in die eh schon bizarre Mondlandschaft gezaubert.

Tipps:

Man sollte es nicht für möglich halten. Dank einer ausgeklügelten Anbaumethode gedeihen prächtige **Weintrauben in der kargen Vulkanerde**. Dazu werden – schon seit dem 18. Jahrhundert – die Reben in eigens dafür ausgebuddelte Vertiefungen gesteckt. Jede einzelne Rebe hat ihr kuscheliges Separée und wird mit ihrem eigenen Mäuerchen gegen den Wind geschützt. Mit dieser Formel entsteht nicht nur eine bizarre Landschaftskunst in schwarz und grün, aus den

Trauben werden richtig gute Weine. Möglich macht das Ganze die nur scheinbar tote Vulkanasche. Sie entzieht der Luft die Feuchtigkeit und gibt den Lebenssaft an die Weinstöcke weiter. Zu bewundern ist die seltsame Anbaukunst in **Gería** südöstlich vom Nationalpark Timanfaya. Den leckeren Wein gibt's in Lanzarote in jedem Supermarkt.

Ein Besuch in der Hauptstadt **Arrecife** lohnt sich für Leute, die noch nie die Gelegenheit hatten, sich eine kleine, spanische Hafenstadt anzusehen. Als Extras gibt es zwei trutzige Mini-Festungen. Ansonsten ist das Ganze eher unspektakulär, allerdings in letzter Zeit ziemlich nett rausgeputzt.

Die Ferienhochburg **Puerto del Carmen** zieht sich kilometerlang durch die Gemarkung. Und dennoch hat der kleine Fischerhafen, um den herum vor mehr als 30 Jahren alles mit ein paar Strandhotels begann, ein bisschen von seinem ursprünglichen Charme erhalten – auch wenn man sich redlich bemüht hat, das urige Ambiente durch Kakteengärtchen, Piratenrestaurants und Touristentreppchen zu verkitschen. Romantisch geblieben ist die **Casa Roja**: mit Stil und Stolz verharrt das rote Haus aus dem 19. Jahrhundert auf der Klippe über dem Hafen und verwöhnt seine Gäste mit gutem Essen und einem einmaligen Blick auf die Fischerbötchen, die sanft auf dem Wasser schaukeln.

Eine Symphonie aus schwarz und weiß, aus Luxus und Kunst, Skulpturen und Heerscharen von tropischen Pflanzen: das von César Manrique gestaltete 5-Sterne-Vorzeige-**Hotel Meliá Salinas** in Costa Teguise. Das im selben Ort gelegene **Hotel Teguise Playa** ist eine Art kleiner Bruder vom Meliá Salinas. Nicht ganz so extravagant, nicht ganz so viele tropische Pflanzen, dafür aber auch längst nicht so hohe Preise.

Das nette **Restaurante Montmartre** auf der Avenida de las Palmeras in Costa Teguise hat – wie das Moulin Rouge – eine Windmühle auf dem Dach und einen guten Koch.

Die weitläufige **Cueva de los Verdes** im Nordosten der Insel ist ganz schön groß, ein bildhübscher, effektvoll illuminierter Wandelgang ins Innere der Erde. Leider kann die Höhle nur zusammen mit einer

Reiseleitung und einer Horde von Touristen besichtigt werden. Der Zaubertrick mit dem verschwundenen See ist Spitze.

Ganz in der Nähe schuf César Manrique sein beeindruckendstes Gesamtkunstwerk aus Natur, Vision und Ästhetik: **Jameos del Agua**. Er verwandelte zwei eingestürzte Krater, die den Leuten zuvor als Müllkippe gedient hatten, in eine kleine Märchenwelt. Da tummeln sich Albinokrebse in einem geheimnisvollen, unterirdischen Salzsee; in einem Ring tiefschwarzer Lavawände ruht ein weißer Pool, gleißend wie ein arktischer Gletscher, und dennoch leuchtet sein Wasser in tiefblauem Türkis – ein Fest fürs Auge und viel zu schön, als dass man darin schwimmen dürfte.

Die ehemalige Inselhauptstadt **Teguise** mit ihrem spröden Charme und ihren rauen Winden haben die Deutschen für sich entdeckt. Viele

Die frühere Inselhauptstadt Teguise

von uns haben sich hier niedergelassen und verschönern den vollständig unter Denkmalschutz stehenden, altspanischen Ortskern mit Kunstgewerbelädchen, Galerien, Ökoshops und Restaurants – das Attraktivste unter ihnen ist sicher das „Patio del Vino", stilvoll in einem ehemaligen Herrensitz auf der *Calle Herreras y Rojas*. Am Sonntag geht's dann eher volkstümlich zu; es ist Floh- und sonstiger Markt.

Das schmucke Städtchen **Haría** liegt mit seinen (ungefähr) tausend Palmen und seinen weiß getünchten Häuschen wie eine Oase im Tal. Es hat Flair und strahlt eine ganz besondere Ruhe aus. Kein Wunder, dass César Manrique hier seinen Alterssitz genommen hat. In Haría ist er auch zur ewigen Ruh gebettet. Sein Grab mit einer Palme und einem großen Kaktus ist außergewöhnlich, geschmackvoll und doch bescheiden – ganz im Sinne des Künstlers, der auf dem Friedhof irgendwie fortlebt.

Eine Reise in die Vergangenheit, La Caleta de Famara

La Caleta de Famara im Nordwesten der Insel ist wie eine Reise in die Vergangenheit, in die Zeit, als die Hippies sich aufmachten und einsame Strände in warmen Gefilden entdeckten. Das urige Fischerdorf könnte auch irgendwo im Bilderbuch-Südamerika stehen; zwischen vom Meereswind gegerbten Häusern laden breite Sandpisten Hunde, Katzen und die übrig gebliebenen Hippies zum Streunen ein. Autos und kleine Boote stehen kreuz und quer in der Gegend herum. Ansonsten noch ein paar Pinten, ein paar Gästehäuser, Windsurfer und ein paar Künstler/innen, die sich hier gerne inspirieren lassen. Im Restaurant El Risco sitzt man auf einer schwarzen Klippe, an der sich die Wellen der rauen See brechen und hat einen wunderbaren Blick auf die Playa de Famara, einen der schönsten Sandstrände der Insel.

Geheimtipps:

Das von Manrique geschaffene **Pueblo Marinero** in Costa Teguise ist einem alten Fischerdorf nachempfunden. Es sollte Beispiel geben für eine geschmackvolle Ferienanlage mit netten Geschäften, Restaurants, Cafés und Appartments. Heute ist der hübsche Komplex reichlich verkitscht und geht in der Betonwüste, die das „Fischerdorf" umzingelt hat, ziemlich unter. Beim Bau der gleich daneben liegenden **Apartamentos Celeste** hatte man indes die visionäre Stimme des Meisters noch im Ohr. Hinter den grünen Toren der Anlage verbirgt sich eine anmutige, gepflegte Oase des guten Geschmacks. Romantisch verschachtelte, weiß getünchte Häuschen und Terrassen gruppieren sich lauschig um kleine Pools und Schatten spendende Palmen (Appartments zwischen 25 und 60 Euro pro Tag).

Zum Nachlesen oder Nachmachen: In der Literatur macht man **Liebe an den wildromantischen Papageienstränden** in der Nähe von Playa Blanco. Siehe die ansonsten ziemliche traurige Reiseerzählung „Lanzarote" des französischen Skandalautors Michel Houellebecq und die pfiffige Urlaubskomödie „Last Minute Lanzarote" von Sibylle Keller.

Kuriositäten:

Ein viereckiges Hochhaus überragt Lanzarotes Hauptstadt Arrecife. Es ist das **Grand Hotel**, erbaut irgendwann in den 70er Jahren zu einem Zeitpunkt, als Manrique nicht auf der Insel weilte. Als der Meister zurückkam und den schrecklichen Klotz erblickte, muss er vor Wut geschäumt haben; doch die Fakten waren geschaffen. In jüngerer Zeit stand das Grand Hotel, das gar nicht wie ein solches aussieht, über viele Jahre leer und drohte zu verfallen. Nun ist der grobe Klotz restauriert, mit seiner tollen Aussicht in den oberen Etagen wieder zu einem komfortablen Hotel geworden und – mangels anderer – sogar zum Wahrzeichen Arrecifes arriviert.

Zwischen dem am östlichen Rand von Arrecife gelegenen Hochseehafen und der Meerwasserentsalzungsanla-

Auf Grund gelaufen

ge dümpelt ein auf Grund gelaufener, vom Rost zerfressener Frachter in der nicht wirklich fotogenen Bucht. Doch so ein **Schiffswrack**, das ist dann schon ein originelles Motiv.

Ein Geisterhaus

Arrieta, ein gedrungenes Fischerdorf an der Nordostküste: Auf den Klippen vor der Hafenmole steht ein klotziges Haus mit langen Kaminen. Die Einheimischen nennen es **„Casa Azul"**, das blaue Haus. Auf der einen Seite ist das seltsame Gebäude fast völlig zugemauert, nur schmale Schlitze lassen etwas Licht ins Innere. Tiefes Blau und erdiges Rot lassen es wie aus einer anderen Welt erscheinen, aus einer Welt jenseits der Vulkaninsel; denn hier sind fast alle Häuser weiß. Und so ranken sich mysteriöse Geschichten und Gerüchte um das „Geisterhaus". Hier die Version, die die alten Lanzaroteños gern erzählen: Vor langer Zeit hatte ein reicher Insulaner seiner Tochter, die nach Afrika ausgewandert war, dieses Haus errichtet. Es sollte sie zurück in die Heimat locken und zugleich an Afrika erinnern. Das Töchterchen kam tatsächlich zu ihrem Vater; doch schon bald verstarb das arme Ding. Zu dieser traurigen Story passt, dass in den 90er Jahren in der „Casa Azul" ein Afrika-Museum mit wunderlichen Exponaten eröffnete – und schon bald wieder geschlossen hat.

Am Ortsausgang von Teguise bewacht ein zahnloser Künstler sein Kuriositätenkabinett: Mit dem **„Museo Mara Mao"** hat der seltsame Mann eine Art Kinder-Sodom und Gomorra geschaffen, in dem Dutzende von hässlichen, OP-

Sodom und Gomorra für Kinder

Die Küste bei El Golfo

grünen Gestalten einen gruseligen Friedhof für Stofftiere, Puppen und Spielzeugautos bewachen.

Zugabe: La Graciosa, die Anmutige

Eine Seefahrt, die ist lustig, eine Seefahrt zu dem Lanzarote vorgelagerten Inselchen La Graciosa, die ist schön – oder aber zum Kotzen; das hängt ganz von der Stimmung Ihres Magens ab. Denn hoch schlägt die Gischt und donnert gegen den Rumpf des schweren Fährboots, das sich wacker durch die martialische Brandung vor dem kleinen Fischerort Orzola auf Lanzarote kämpft. Die Klospülungen sind zur Sicherheit auf Dauerbetrieb gestellt. Backbord das grandiose Riff von

Famara. Plötzlich wird die See ruhiger, und nach zwanzig Minuten ist der Spuk dann ganz vorbei. Vor Ihnen liegt sie, etwas verloren im seidigen Meer: La Graciosa, die Anmutige, wenn man

Hafenstädtchen, Caleta del Sebo

ihren Namen ins Deutsche übersetzt. Dabei hat das Eiland eher den rauen Charme einer etwas spröden Seemannsbraut. Und erreichen kann man La Graciosa tatsächlich nur auf diesem Boot.

Im Hafenstädtchen **Caleta del Sebo** hat man im Zeichen der Gemeindeverschönerung ein paar Palmen aufgestellt. Ansonsten gibt es auf der ganzen Insel so gut wie keine Bäume. Man hat aber auch weitgehend auf Asphalt verzichtet. So blieb dem Ort sein ursprüngliches Flair, das mit einer himmlischen Ruhe einhergeht. In La Graciosa gehen die Uhren tatsächlich noch ein paar Takte langsamer. Es gibt Pensionen, kleine Restaurants und eine ziemlich kuriose Kapelle: Jesus ist in einem Fischerboot gekreuzigt, über dem Kruzifix schwebt ein Fangnetz, und aus Holz geschnitzte Fische helfen als Kerzenständer aus. Es wundert also überhaupt nicht, dass diese Kapelle der Meeresjungfrau gewidmet ist **(Parroquía Nuestra Señora del Mar)**.

Freunde alter Geländewagen müssen in Caleta del Sebo ganz, ganz große Augen kriegen. Das Örtchen ist ein wahres **Museum von Landrovern** der ersten und zweiten Generation, motorisierte Dinosaurier, die selbst in Afrika praktisch schon ausgestorben sind. Überall stehen und knattern sie bei bester Gesundheit herum.

Um das Inselchen zu erkunden, braucht man aber eigentlich gar kein Auto. Eine **herrliche Wanderung** führt am Hang des erloschenen Vulkans entlang, das Meer immer zur Rechten. Nach etwa anderthalb Stunden sind Sie in dem ehemaligen Fischernest San Pedro Barba, wo heutzutage gedrungene Ferienhäuschen mit Palmen und Kakteen wie eine kleine Oase den Wüstensand schmücken. Für den Rückweg empfehle ich, zur Abwechslung über einen schmaleren, aber gut passierbaren Weg direkt an der Küste entlang zu gehen und sich von hübschen Felsbuchten überraschen zu lassen.

Wer einfach nur mal einen Blick auf La Graciosa werfen möchte, fahre zu dem spektakulären Aussichtspunkt **Mirador del Río** im Norden von Lanzarote, ein weiteres, unverwechselbares Werk von César Manrique.

7. Schlaglicht
Fuerteventura

Blick von Fuerteventura auf die Isla de Lobos

Schon lange bevor die Tourismuswelle auch Fuerteventura ergriffen hat, gab es Fremdenverkehr auf der Insel, einen Fremdenverkehr der anderen Art. Gerne wurden unliebsame Menschen zwischen die Sanddünen im Atlantik verbannt. Der berühmteste jener Langzeiturlauber war der Literat und Regimekritiker Miguel de Unamuno. Er verbrachte seine von der spanischen Regierung verordneten Ferien im Jahre 1924 in Puerto del Rosario, genauer gesagt im damaligen Hotel Fuerteventura. Die Inselhauptstadt hieß seinerzeit – wegen ihrer etwas einspurigen Fauna – Puerto de Cabras, was soviel wie Ziegenhafen bedeutet. Unamuno entdeckte den einzigartigen Zauber der von Wüstensand, schroffen Klippen und hunderten von Ockertönen beherrschten Landschaft und schenkte der Insel ein Buch (von Fuerteventura nach Paris) – und die Insel schenkte ihm ein Denkmal. Seine stattliche Statue ziert die Flanke des spitzen Kegels der Montaña Quemada an der Straße von Puerto Rosario nach La Oliva. Auch nach der Zeit der Verbannungen blieb es spannend auf der Insel: Von 1975 bis 1995 war die spanische Fremdenlegion in Puerto del Rosario (Rosenkranzhafen) stationiert und hat dem Städtchen ein raues, nicht sonderlich Rosenkranz-haftes Gepräge gegeben. Auch das ging vorbei, genau wie die „Herrschaft der Ziegen": Mitte der 1980er Jahre gab es zum ersten Mal mehr Menschen als Ziegen auf Fuerteventura, nämlich über 30.000. Heute ist die Zahl der Insulaner/innen durch den Arbeitsplatzmagneten Tourismus sogar auf mehr als 100.000 gestiegen. Der spanische Staat hat Fremdenverkehr, Arbeitsmigration und Fruchtbarkeit mit einem wirklich ausgezeichneten Straßennetz belohnt. So ist es möglich geworden, auf glatten Asphaltbändern bequem durch die fremdartig, faszinierenden Landschaften der zweitgrößten, kanarischen Insel zu gleiten.

Highlights:

Strand, Strand, Strand. Die besten, größten und berauschendsten Strände liegen auf der Halbinsel von Jandia im Süden und bei Corralejo im Norden. Dort hat der liebe Gott freundlicherweise immense Wüstenlandschaften gleich an die Küste gepflanzt. So hat er – in himmlischer Weitsicht und vermutlich am siebten Tage – Traumstrände für Phänomene geschaffen, die die Evolution erst viele Tausend Jahre nach der Schöpfung hervorbrachte: den Badeurlaub, die Leidenschaft für Sonne, Sand und Meer, für Strandburgen, Gummi-Enten und Wasserski. Für die Surfer hat der Allmächtige eine deftige Extraportion Wind gleich mitgeliefert.

Selbst der schier unendliche Sandstrand von **Jandia** hat irgendwo dann doch ein Ende, von dem eine hübsche Uferpromenade in die kleine Bucht von **Morro Jable** führt. Hoch schlägt die Gischt an die Uferbefestigung aus schwarzem Vulkanstein, und so liefert das Meer den

Die Buch von Morro El Jable

Gästen der netten Restaurants an der Promenade an windigen Tagen einen kleinen Erlebniseffekt als Zugabe zu Speis und Trank. Besonders aufgefallen ist mir das **La Gaviota** gleich am Ortseingang: sehr gepflegt und mit einem duften Preis-Leistungs-Verhältnis.

Direkt am Strand von **Jandia** darf nichts gebaut werden; fast alle Hotels sind hinter die vierspurige Durchgangsstraße verbannt. Nur oben auf der Klippe, die Morro Jable von Jandia trennt, haben sich zwei Hotels in den Kindertagen des Fuerteventura-Tourismus unvergleichliche Toplagen mit Traumsicht gesichert: das Riu Calypso und das Riu Palace Jandia.

Bei Corralejo reichen die kilometerlangen, wie aus der Sahara entliehenen **Wanderdünen von El Jable** bis zu den Liegestühlen am Meer. Es macht richtig Laune, durch die fotogene Wüstenlandschaft zu streifen und aufzupassen, ob sich eine Fata Morgana blicken lässt. Laut und weniger romantisch ist die Hauptverkehrsstraße, die man noch vor den Zeiten grüner Erleuchtung mitten durch diesen grandiosen Naturpark gelegt hat; hoffentlich wird sie bald geschlossen, wenn die neue, in den Norden der Insel führende Autobahn fertig gestellt ist. Fiese Dornen in den Augen der Umweltschützer sind auch die beiden gut geführten **Hotels** (**Tres Islas** mit 4 Sternen und **Oliva Beach** mit 3 Sternen), die in den 70er Jahren in den Wüstensand geknallt wurden. Für diejenigen, die eines der beiden Häuser gebucht haben, ist es hingegen ein Traum, inmitten der goldgelben Dünen zu wohnen. Und solange keine weiteren dazukommen, dürften der Wüste die beiden Kästen auch egal sein – der Abriss wäre wohl eher Ordnungsliebe im Nationalpark.

Tipps:

Corralejo ist schon lange kein Fischerdorf mehr. Doch sein Zentrum blieb nahezu unbeeindruckt von der Bauwut der letzten 20 Jahre. Der Ortskern hat sich zu einem wunderhübschen Ferienort mit viel spanischem Flair gemausert. Ein Spaziergang die Uferpromenade entlang lässt die Blicke über die vorgelagerten Inseln Lanzarote (nur 20 Minuten mit dem Schiff) und Lobos schweifen. Kleine Restaurants, nette Plätze, Cafés und Kneipen laden zum Verweilen ein. Außerhalb des Zentrums empfehle ich hingegen, entweder die Augen vor der schlimmen Zersiedelung zu schließen oder am Strand entlang zu gehen und aufs Meer zu schauen.

Im Restaurant **Sidrería, La Cabaña Asturiana** an der Uferpromenade von Corralejo, nur ein paar Schritte von der alten Mole gibt es zum duften Meerblick asturische Hausmannskost, deftig und lecker. Wer will, kann dazu den nordspanischen Apfelwein Sidre probieren. Sehr anständig ist auch das neue, italienische Restaurant **La Rosa dei Venti**, gleich um die Ecke auf der *Calle La Iglesia 13*. Mein Lieblings-

Strand, Strand, Strand

lokal in Corralejo wurde die **Trattoría de la Nonna Pasqualina**, etwas versteckt an der Ecke des zentralen Plätzchens *Plaza Felix Estévez*: klein, chaotisch und vielleicht etwas unordentlich. Doch das Essen ist einfach wunderbar, wie von der Oma Pasqualina, die schon 1956 ein Restaurant in Italien hatte. Die Pasta ist hausgemacht und die Rezepte sind gradlinig. Dazu freundliche, unkonventionelle Bedienung und leckerer Tischwein.

Auf dem zentralen Plätzchen **Plaza Felix Estévez** von Corralejo wird jeden Abend musiziert; mal tritt ein Celentano-Verschnitt mit Temperament und Multitonlagenstimme auf, mal ein Rock-Klassik-Meister mit langen Haaren und an anderen Tagen – lassen Sie sich einfach überraschen. Die Musike kommt rüber, und die Leute machen die Straße zum Tanzparket, ganz so wie in Paris. Wem das alles spanisch vorkommt, auch dem/r sei geholfen: vielleicht mit einem Abend in Barbara's Kleiner Kneipe oder in der Bar Old Daddy, auch Henner's Schaukel genannt, beide auf dem kleinen Platz an der *Calle del Sol*.

In anderen spanischen Ferienorten werden Straßen nach Reiseveranstaltern wie Neckermann oder Tjaereborg benannt. Das Hafen-

Der alte Turm von Cotillo

Betancuria; hier wurde der Teufel gefangen

städtchen **Cotillo** an der Westküste nicht weit von Corralejo hat sich für eine sympathische, heimatverbundene Variante dieser Hommage an den Tourismus entschieden. In Cotillo ist eine kleine Straße nach Maria Hierro benannt. Bevor Reisegesellschaften überhaupt wussten, wo Cotillo liegt, hat Maria über 30 Jahre lang das seinerzeit einzige Restaurant des verschlafenen Ortes betrieben und Touristen bekocht, die Beton und Buffet entflohen waren. Auch heute hat Cotillo noch etwas leicht hinterwäldlerisch Derbes. Zum Fischerdorf-Flair gesellt sich ein uralter Turm wie aus einem Mittelalter-Film und ein rot weiß gestreifter Leuchtturm im harten Wind der Nordwest-Spitze der Insel (etwa 5 Kilometer außerhalb von Cotillo).

Betancuria: Das nach dem normannischen Eroberer und König der Kanaren Jean de Betancour benannte Städtchen liegt eingezwängt und angriffssicher zwischen zwei Pässen mit atemberaubenden Aussichten. Allein schon deshalb ist der Ort einen Besuch wert. Es gibt aber auch eine strahlend weiße Kirche, ein feines Restaurant mit einem romantischen Innenhof (Santa Maria), Andenkenläden und die uralten Mauern eines genauso uralten Franziskanerklosters – alles hübsch rausgeputzt; selbst die baufälligen Klostermauern hat man in gepfleg-tem Weiß getuncht. Die auf demselben Gelände stehende Kapelle ist San Diego de Alcalá gewidmet. Er war über Jahrhunderte der einzige

In Corralejo

katholische Heilige, der je auf den Kanaren gelebt hat. Erst im Jahre 2002 hat er Konkurrenz bekommen, als Papst Johannes Paul II. auch Hermano Pedro de Betancur aus Vilaflor in Teneriffa heilig sprach. San Diego hat sich der Legende nach dadurch verdient gemacht, dass er den Teufel gefangen und an einen Brunnen gekettet hat. Doch, oh Schreck, einem armen Bauern aus der Gegend tat der arme Teufel leid und er hat ihn befreit. Seitdem soll der gute Luzifer dort umgehen; gesichtet wurde er zuletzt im Jahre 1982.

Es macht Sinn, nicht einfach an dem Städtchen **La Oliva** im Norden der Insel vorbei zu fahren. Das Formenspiel zwischen der quadratischen **Casa de los Coroneles** und dem dahinter aus der flachen Landschaft ragenden, runden Vulkankegel ist absolut ungewöhnlich, wie vom Reisbrett entliehen. Auch die blendend weiß getünchte Dorfkirche mit ihrem mächtigen, pechschwarzen Turm ist einen Besuch wert.

Schon in höchst betagten Reiseführern wird das Fischerdorf Los Molinos an der Westküste als stimmungsvolles Örtchen in einer pittoresken Bucht erwähnt. Diese Ursprünglichkeit hat sich **Los Molinos** bis zum heutigen Tag bewahrt, ja noch einen draufgesetzt: Am nördlichen Ende des winzigen Dorfes steht hoch auf der Klippe ein stillgelegtes Restaurant, auf dem eine Fahne der EU weht. Nicht Ortskundige könnten glatt meinen: hier endet Europa.

Puerto del Rosario ist die Hauptstadt der Insel und sieht aus, wie kleinere, spanische Hafenstädte halt so aussehen. Nach längerem Suchen habe ich sogar ein ansprechendes Lokal gefunden: es heißt **Candela**, liegt auf der *Calle Fernández Castañeire 10*, hat eine stylische Bar, dahinter einen edlen Speisesaal, und aus der Küche kommen einfallsreiche Gerichte.

Das **Hotel Fuerteventura Playa Blanca** liegt ein paar Kilometer südlich von Puerto Rosario einsam auf einer Klippe. Von seiner Terrasse aus offenbart sich ein herrlicher Blick auf die Küstenlinie der Inselhauptstadt. Das Haus wurde im Jahre 1968 errichtet, als einer der komfortablen Paradores Nacionales, die der spanische Staat über die Jahre überall im Land eröffnet hat. Seine Dielen knarzen wie in Berliner Altbauten; zusammen mit dem schönen, alten Mobilar geben sie der Herberge etwas sehr Stilvolles.

Auf dem Corralejo gegenüber liegenden Inselchen Lobos lebten vor langer Zeit große Seelöwen, genauer gesagt waren es Mönchsrobben. Die stattlichen Tiere essen gerne und viel Fisch. Dies wiederum missfiel den damals ebenfalls auf der **Isla de Lobos** ansässigen Fischern, und so hat man die unbewaffneten Konkurrenten schlicht ausgerottet. Heute ist die gesamte Insel Nationalpark. Die Mönchs-

Casa de los Coroneles

Unwirkliche Kraterlandschaft, die Isla de Lobos

robben könnten also so viel Fisch fressen wie sie wollten, und keiner dürfte ihnen an ihr weiches Fell. In der Tat gibt es Pläne, die weltweit vom Aussterben bedrohten Tiere wieder auf ihrer alten Heimatinsel anzusiedeln. Die Isla de Lobos ist übrigens nicht nur für Seelöwen attraktiv. Ein zweieinhalbstündiger Rundgang führt Sie auf gut ausgeschilderten Wegen durch eine unwirkliche, fast außerirdische Kraterlandschaft. Wer außerdem den zur Hälfte ins Meer gestürzten Vulkan besteigen möchte, braucht insgesamt etwa dreieinhalb Stunden. Mehrfach am Tag gibt es Schiffe von Corralejo zur Isla de Lobos – hin und zurück für 15 Euro.

Geheimtipps:

An der Uferpromenade in Corralejo, etwas südlich von der alten Mole gibt es eine unscheinbare Hütte, urgemütlich und vollgestopft mit Bildern von Che Guevara: **La Cantina del Che**. Besondere Attraktion ist ein Mojito XL für nur 12 Euro, so groß wie ein Maß Bier. Mittwochs und samstags abends geht bei kubanischer Livemusik die Post ab, mit oder ohne Mojito XL.

Die etwa 30 Kilometer lange Schotterpiste von Morro Jable nach **Cofete** ist eine Reise in die wilde Natur und in die Vergangenheit, ein bisschen auch ein Abenteuer. Die Ausblicke von der Höhe des Passes auf die urwüchsige Landschaft sind grandios. Dunkle Felsmassive ragen hart in den Himmel, und tief unten im Tal verschmilzt ein goldgelber Strand irgendwo kurz vor dem Horizont mit dem türkisblauen Meer. Bald schlängelt sich das Sträßchen durch Gruppen von seltsam anmutenden Wolfsmilchgewächsen, die wie gespenstige Kandelaber der kargen Natur trotzen. In dem rauen Fischerdorf Cofete zeigt die Insel Ihnen, wie die meisten ihrer Siedlungen vor vielleicht 50 Jahren einmal ausgesehen haben: aus Steinen, Holz und ärmlichen Materialien zusammengeschusterte Behausungen, wie aus einem Würfelbecher in die Landschaft gekippt. Den Abenteuereffekt liefert die streckenweise sehr schmale Schotterpiste, die von Schluchten und steilen Abhängen nur so strotzt. Das halsbrecherische Sträßchen ist allerdings bemerkenswert gut in Schuss gehalten. Daher ist die Geländewagenfrage eher Geschmackssache. Wer nicht schwindelfrei genug

Eine Reise in die wilde Natur, von Morro Jable nach Cofete

ist, um einen kleinen PKW sicher durch diese naturnahe Achterbahn zu fädeln, wird wahrscheinlich auch mit einem Geländewagen Schwierigkeiten bekommen – aber mit Allrad zittert es sich natürlich schicker.

Kuriositäten:

Mag die **Isla de Lobos** auch noch so klein sein. Auch wenn nur ein paar Fischer, Leuchtturmwärter und Mönchsrobben auf der kargen Insel lebten, war sie doch ein Urquell der Literatur: Auf Lobos wurde Josefina Pla geboren, eine Intellektuelle, die sich in Paraguay einen Namen als Dichterin und Professorin machte. Und der spanische Bestseller-Autor Vázquez-Figueroa ist stolz darauf, dass seine Mutter die Tochter des Leuchtturmwächters war.

Titanic reloaded: Im Jahre des Herrn 1994 strandete die American Star vor der Playa de Garcey an der rauen Westküste von Fuerteventura, ein altmodisches Kreuzfahrtschiff, der Titanic nicht unähnlich. Doch der Luxusliner verschwand nicht sogleich in den Tiefen des Atlantischen Ozeans. Über mehr als 15 Jahre ragte das Schiff als skurrile Kulisse aus den Fluten vor der steilen Atlantikküste. Höchst fotogen! Also seien Sie bitte nicht enttäuscht, wenn heute bestenfalls noch eine spitze Kante des Schiffskamins aus den Wassern lugt – denn letztlich siegte auch hier die Natur. Das Meer hat die American Star zu sich genommen, übrigens auch eine Reihe von „Abenteurern", die zu dem Wrack geschwommen sind und dabei die Gewalt der Fluten unterschätzt haben. Der Atlantik präsentiert sich an der Playa de Garcey in einer sensationellen Bucht, die auch ohne das Totenschiff faszinieren kann. Hart schlagen die Wellen ans Ufer, und wenn die Wasser zurückweichen, ertönt ein geheimnisvolles, grollendes Geräusch. Tausende von Steinen sind über die Jahrhunderte fast rund geworden und kugeln sich in den nimmermüden Gezeiten über- und untereinander. Wem dies alles nicht genug Titanic ist, der gehe in die **Bar Naufragio** (auf deutsch Schiffbruch) in Puerto del Rosario auf der *Calle Primero de Mayo Ecke Calle Jesus y Marí*. Dort dient ein kleiner Teil des Originalmobilars der American Star als Zechkulisse.

Ein Herr Winter errichtete in den 1930er Jahren auf Fuerteventura ein wehrhaftes Gebäude, eine Trutzburg, die auch Adolf Hitler gefallen hätte. Er tat es in dem unwegsamen Gelände bei Cofete. Und er tat es mit Billigung, vielleicht sogar auf Wunsch von General Franco. Nicht weit von der monströsen **Villa Winter** wurde mitten in die Ödnis eine nie genutzte Flugpiste gelegt. Gab es auch einen U-Boot-Hafen? Gibt es geheime, unterirdische Gänge? War das Ganze eine Fluchtburg für spanische Faschisten, gar für deutsche Nazis? Oder ein Stützpunkt für U-Boot-Besatzungen? Ein Stoff für Gerüchte, Legenden und Romane. Alberto Vázquez-Figueroa lässt hier seinen Polit-Thriller „Fuerteventura" spielen. Doch was wirklich passierte, wissen nur wenige. Die Villa Winter liegt etwa einen Kilometer hinter der Ortschaft Cofete, die Sie über die gerade gelobte Holperpiste von Morro Jable aus ansteuern können. In den alten Gemäuern leben seit mehr als 30 Jahren ein alt gewordener Mann und eine ebenso alt gewordene Frau. Wenn man sich freundlich gesinnt und sprachkundig nähert, gewähren sie Einlass und geben Auskunft über das, was sie über die Geschichte des Hauses sagen möchten.

Geheimnisvoll, die Villa Winter

8. Schlaglicht
La Gomera

Pittoresk, La Calera im Valle Gran Rey

La Gomera ist fast kreisrund und von Steilküsten eingefasst. Die Insel sieht aus wie ein Pudding aus Omas Gugelhupf-Form, bei dem die Kuhle in der Mitte mit Lorbeerwald statt mit Himbeersoße gefüllt ist. La Gomera hat etwas Mystisches, fast schon **Paradiesisches**, aber auch etwas Schroffes und Unwegsames. Orangen-, Mango-, Papaya-, Avocado- und Mispelbäume, knallrote Weihnachtssterne und bizarr gebogene Strelizien, gigantische Kakteen und Tausende von Terrassen voll mit Bananenstauden, Gemüse und Wein. Dazu der ewige Frühling und das Meer, traumschöne Sonnenuntergänge und kanarischer Palmenrekord: über 130.000 Prachtexemplare zieren La Gomera, das sind mehr Palmen als auf allen anderen Kanarischen Inseln zusammen.

Ja, so ungefähr könnte es im Paradies ausgesehen haben. Doch wie zum Trotze arbeiten Heerscharen von jungen Gomeros an den schnöden Urlauberstränden von Teneriffa. In den letzten Jahren entwickelte sich aber auch auf La Gomera der Fremdenverkehr immer mehr. Er wurde nach den Bananen zur zweitwichtigsten Einnahmequelle der Insel. Bald wird es wahrscheinlich noch mehr Hotels, Arbeitsplätze und Autos, noch mehr Straßen und mehr Geld geben. Dann ist die Insel vielleicht kein Paradies mehr, sondern eher eine gepflegte, von Asphalt und Beton fein säuberlich eingefasste Biodiversität. Ein verlorenes Paradies? Vielleicht muss das alles aber auch so sein. Denn wer will heute schon noch im guten, alten Garten Eden leben – immer nur Früchte und auf die Schlange aufpassen, kein Geld, kein Lockenstab, kein Sessel-Kino und kein iPhone?

Noch kann man das **Mystische** auf La Gomera ein bisschen spüren. Riesenhafte Sträucher und märchenhafte Lorbeerwälder sind ein idealer Lebensraum für Elfen und Hexen, an die man hierzulande bisweilen noch glaubt. Die Refugien der Hippies, Blumenkinder und Entrückten mögen selten geworden sein, doch ihre Spuren hallen nach, wollen dir von irgendwoher zurufen: Öffne doch mal das Dritte Auge, hier könnte ein geheimnisvolles Traumland sein.

Die Berglandschaften La Gomeras sind **rau und zerklüftet**; Abgründe, Felsspalten und Hunderte von Metern tiefe Schluchten durchziehen die gesamte Insel. Die alten Gomera-Guanchen hatten sich perfekt auf das schwere Gelände eingestellt: sie erfanden den **Salto con la Astia**, eine Art Querfeldein-Stab-Weitsprung. Mit einem an die vier Meter langen Springstab gab man locker jedem Fußgänger Fersengeld. Heute wird dieses praktische Hüpfen nur noch von wenigen Ziegenhirten praktiziert; denn die Insel hat eine ausgezeichnete Infrastruktur aus Straßen, Tunneln und Wegen. Nichtsdestotrotz: die Landschaft ist so zerklüftet, dass man mit dem Auto auch heute noch mühelos mehrere Tage durch die Gegend gurken kann. Dabei hat das Inselchen einen Durchmesser von gerade mal 25 Kilometern. Dank der riesigen Unterschiede zwischen Luftlinie und Wegstecke wurde in

Die märchenhaften Lorbeerwälder von Garajonay

Gomera auch schon Jahrhunderte vor Nokia und Motorola eine Art Mobiltelefon erfunden: die Pfeifsprache **El Silbo**, mit der man sich drahtlos über mehrere Kilometer und tiefe Schluchten hinweg unterhalten kann. Beim El Silbo werden einzelne Buchstaben gepfiffen. Deshalb funktioniert es auch in Deutsch, Englisch oder sonst einer Fremdsprache. Die Pfeifsprache wurde im Jahre 2009 von der UNESCO als immaterielles Weltkulturerbe anerkannt und ist auf Gomera Pflichtfach in der Schule. Urlauber/innen können sich in vielen Lokalen der Insel einen pfeifen lassen.

Highlights:

Ein Besuch im **Nationalpark Garajonay** entführt Sie in die Zeit der Dinos, in eine entrückte Welt, die Botaniker heutzutage Laurisilva nennen. Vor fünf Millionen Jahren, als es den Sauriern noch richtig gut ging, muss halb Spanien so ausgesehen haben, bedeckt mit dichten Wäldern aus Lorbeer und riesenhaften Erikasträuchern. Die prähistorischen Gewächse werden von schwammigen Moosen und Bartflechten umgarnt; sie stillen ihren Durst mit starken Nebeln, die über die Insel ziehen und die uralten Bäume in gespenstiges Grau tauchen.

76

Ganz besonders ist die Zeit von März bis Mai; dann blüht der Märchenwald in weiß und rosa. Vom Besucherzentrum bei **Laguna Grande** aus muss man nur ein paar Schritte gehen, und schon ist man inmitten dieser verwunschenen Kulisse eines Fantasy-Films, einer gespenstigen Gegend, wo es von Trollen, Elfen und Gnomen nur so wimmeln müsste. Alles weitere über Flora, Fauna und Guanchenkultur werden im Besucherzentrum **Juego de Bolas** anschaulich präsentiert. Dort können Sie auch XXL-Farne, meterhohen Löwenzahn und andere Riesenpflanzen, die sich gut als Dinofutter eignen würden, bewundern. Seit 1986 ist Garajonay Weltnaturerbe der UNESCO.

Einmalig: die Abendstimmung vor der legendären **Bar Maria** am Ortseingang von La Playa im Valle Gran Rey. Glutrot taucht die Sonne in den silbergrauen Atlantik. Ihre letzten Strahlen spiegeln sich in den Bierflaschen der schrägen Menschentraube, die sich an der Mole gesammelt hat. Eine trommelnde Blumenkinder-Combo gibt dem Feuerball sein fröhliches, letztes Geleit. Selbst die allgegenwärtigen Mischlingsköter spüren die Romantik von Ort und Zeit – die Vierbei-

Abendstimmung vor der legendären „Bar Maria"

ner beschnüffeln sich und starten einen Begattungsversuch. Eigentlich ist alles so wie vor zwanzig Jahren. Nur die Hippies sind etwas älter geworden, und längst stellen Pauschalurlauber die staunende Mehrheit. Doch bei einem Bierpreis von nur 1,50 Euro bleibt alles im grünen Bereich. Ich gebe 5 Abendstimmungs-Sterne!

Die Straße von Agure nach San Sebastian schenkt Ihnen zwei wahrhaft **grandiose Aussichten**. Hätte Obelix den Roque Agando gesehen, hätte er Gomera niemals mehr verlassen: Ein tausendfach vergrößerter Hinkelstein, dazu am Horizont die tiefblauen Farbspiele von Himmel und Meer. Und schwenkt der Blick ein Stück weiter nach links, erhebt sich der über 3700 Meter hohe Teide majestätisch aus dem Wasser, als sei die größte Kanareninsel Teneriffa nichts weiter als ein Sockel, der ihm zu Diensten ist.

Tipps:

Der **Torre del Conde** in San Sebastián ist das älteste Gebäude der Insel. Nach nunmehr 550 Jahren wechselvoller Geschichte hat man

Roque Agando, Obelix wäre begeistert

den gotischen Turm mit englischem Rasen umpflanzt und ihn so penibel gekälkt wie eine Mittelalter-Attrappe bei Schöner Wohnen.

La Gomera wird auch gerne **La Columbina** genannt; denn Christoph Kolumbus hat auf seinen Reisen nach Amerika mehrfach auf der Insel Halt gemacht und seine Schiffe mit Wasser und Lebensmitteln beladen. Vielleicht hatte er auch romantische Schäferstündchen mit Beatriz de Bobadilla, der angeblich so schönen Gattin des Eroberers Hernán Peraza; doch ganz sicher sind die Historiker sich bei dieser erotischen Fußnote der Geschichte nicht. Man ist sich auch nicht ganz sicher, ob das Wasser für die Schiffe des Entdeckers tatsächlich aus dem **„Kolumbus-Brunnen"** im Hof des alten Zollhauses von San Sebastián stammte. Sicher ist nur, dass Kolumbus niemals im **„Kolumbus-Haus"** genächtigt hat; denn das gab es 1492 noch gar nicht. Immerhin gibt es heute dort Modelle der Schiffe zu besichtigen, mit denen der Amerika-Entdecker ja eigentlich nach Indien wollte.

Hoch auf einer Klippe über San Sebastián thront der **Parador Nacional**. Das schönste Hotel La Gomera's wurde in den 1970er

Das älteste Gebäude der Insel, der Torre del Condo

Für Wanderer und Genießer, für Esoteriker und Alternative, das Valle Gran Rey

Jahren stilsicher nach dem Vorbild altspanischer Haziendas errichtet; Erste-Sahne-Aussicht auf die Nachbarinsel Teneriffa inklusive.

Das besonders von deutschen Touristen geliebte **Valle Gran Rey** ist einmalig schön gelegen und lässt kaum einen Urlaubswunsch offen. Wanderer und Genießer, Esoteriker und Alternative kommen gleichermaßen auf ihre Kosten. Vom Erleuchtungshotel für Stressgeplagte bis zur Currywurst ist alles vorhanden, was das Ferien-Herz begehrt. Dazu noch leicht abgefahren und cool, wirkt das „Tal des großen Königs" ein bisschen wie ein Meeres-Ableger der sommerlichen Szene in Berlin. Längst sind nicht mehr nur Hippies und Geflippte hier; gesetzte Individualtouristen, ja selbst Pauschalurlauber sind nachgezogen. Das Valle Gran Rey ist zu einem malerischen Urlaubsort geworden, nett, gemütlich und dabei immer noch sehr originell. Nur die tollen Sandstrände hat der Liebe Gott auf andere Inseln verlegt, damit es im Valle Gran Rey nicht gar so überlaufen sein wird. Bisher ist die Rechnung des Herrn aufgegangen, und dafür schenkt er uns Sonnenuntergänge, die es eigentlich nur im Himmel gibt. Irritiert hat mich an dem schönen Tal allenfalls, dass deutsch mittlerweile fast schon zur Leitsprache geworden ist; man kann dies natürlich auch ganz einfach als praktisch empfinden.

Zur Orientierung: Im Valle Gran Rey gibt es drei Hauptorte: das pittoreske, etwas oberhalb der Küste gelegene **La Calera**, am nördlichen Ende den Badeort **La Playa** mit dem Hauptstrand und der etwas kuscheligeren Playa del Inglés, und schließlich im Süden das coole Hafenstädtchen **Vueltas**. Es ist Brauch, seine Ferien in Appartmentanlagen oder einfachen Pensionen zu verbringen. Falls dieser Mainstream nicht Ihr Ding ist, empfehle ich das **Hotel Gran Rey**, direkt am Strand zwischen La Playa und dem Hafen von Vueltas, eine gute Adresse mit einem netten Pool auf dem Dach (Doppelzimmer ab 100 Euro).

Anders als an den großen Stränden von Teneriffa oder Gran Canaria traut sich im Valle Gran Rey kaum noch ein Restaurant, die übliche, platt-globalisierte Speisekartenlitanei zu präsentieren. Alles wird ein bisschen kreativer gemacht, und oft schmeckt es auch entsprechend gut, z. B. im **La Islita** in La Playa, einem Italiener, der es kann.

Die **Restaurant-Bar El Mirador** im oberen Teil von La Caleta im Valle Gran Rey bietet von seiner gemütlichen Terrasse einen Genießer-Blick über den Ort, über Bananenstauden und Palmen aufs Meer hinaus, das irgendwo weit, weit hinten mit dem Horizont verschmilzt.

Cool, das Hafenstädtchen Vueltas

Sehr „in" ist die **Bar Cacatua** in Vueltas: abends kneipig, szenig, angesagt; am Tage sitzt man herrlich in einem kuscheligen Patio unter einem tiefgrünen Blätterdach.

Am südlichen Ende des Valle Gran Rey, etwa einen Kilometer hinter Vueltas liegt in einer hübschen Bucht der „Platz des Lichtes", die **Finca Argayall**, eine ruhige Herberge mit viel Eso-Touch. Dort können Sie sich bei Klangmassagen entspannen, in Gruppen meditieren, Yoga, Tanz und Tantra machen – oder auch einfach nichts tun (Doppelzimmer mit 3 vegetarischen Mahlzeiten und Tee ab 100 Euro).

Ein paar hundert Meter oberhalb der Finca Aragayall überrascht der **Fruchtgarten Argaga** mit mehr als 150 verschiedenen (sub)tropischen Fruchtbäumen; man kann sogar ihre Säfte kosten. Alternativprogramm für trittfeste Kraxeler: sich hinter der Finca Argayall über die Geröllküste zur **„Schweinebucht"** durchzukämpfen. Zu sehen gibt es dort eigentlich nicht besonders viel; nur noch gelegentlich verirren sich ein paar übrig gebliebene Hippies in die einstmals skandalumwitterten Blumenkinderhöhlen im Vulkangestein. Ganz gerecht ist der Ausdruck Schweinebucht übrigens nicht. Die Alternativen machten zwar freie Liebe und lebten ohne fließendes Wasser. Doch Hygienestandards hatten auch sie: mangels Toiletten wurde ein Kackfelsen eingerichtet – und genutzt.

Los Órganos, die spektakulären Orgelfelsen an der Nordküste sind nichts für Landratten. Man kann sie nämlich nur vom Schiff aus besichtigen. Das Boot mit Namen Tina startet in Vueltas, (zurzeit) Donnerstags und Sonntags um 10.45 Uhr und bietet gleich zu Anfang ein echtes 1A-Panorama: wie gemacht für einen Landschaftsmaler schmiegt sich das Örtchen La Calera in das Tal des Großen Königs. Bald tuckert das Boot an einer fast Furcht erregenden Steilküste entlang. Und doch gibt es den einen oder anderen Weiler, der wie mit Haftpulver in die fast senkrechten Felswände gefummelt ist. Die abenteuerlich angelegten, heute halb verwilderten Terrassen lassen ahnen, dass hier nur schwindelfreie Bauern zurecht kommen. Und plötzlich hängen sie da, am Fuß eines spitzen, majestätisch ins Meer hineinragenden Felsens: Los

Órganos, zu Stein gewordene Orgelpfeifen, einzigartige Felsformationen. Es sind nicht nur ein paar, nein es sind hunderte, vielleicht tausende. Einige der Steinorgeln sind an die hundert Meter hoch – als habe Gott der Herr sie am letzten Tag der Schöpfung dorthin gestellt, um einer ganzen Brigade von Riesen die Kirchenmusik nahe zu bringen.

Zu Recht sehr beliebt ist die **Wasserfall Wanderung**, so beliebt, dass man an einem Haus im Künstlerdorf El Guro, oberhalb von La Calera im Valle Gran Rey, den Hinweis „Wasserfall" gleich auf deutsch an die Wand gepinselt hat. Von dort geht es los, über fotogene Felder mit Palmen, Kakteen und tollen Ausblicken, durch ein Flussbett, durch Schilf und Hohlwege bis zum Fuß eines malerischen Wasserfalls. Das Ganze dauert von La Calera aus nicht länger als dreieinhalb Stunden, und wer in El Guru beim Wasserfall-Schriftzug startet, ist schon in etwa zweieinhalb Stunden zurück.

César Manrique war da. Der Insel La Gomera schenkte er an der Straße von Arure ins Valle Gran Rey das Aussichtsrestaurant am **Mirador de Palmarejo**. Tolle Sicht ins Tal aus einer imposanten Konstruktion, wie einzig Manrique sie in den Steilhang kleben kann.

Fahren Sie doch mal nach **Agulo** im Nordosten der Insel. Sie erwartet ein herrlich über dem Meer gelegenes, lieblich herausgeputztes Dorf mit einer außergewöhnlichen Kirche, die zwar Kuppeln wie ein gedrungenes Kraftwerk hat, dafür aber keinen Turm.

Gekuschelt in die größte der sternförmig in die runde Insel geschnittenen Schluchten liegt **Hermigua**, die zweitgrößte Stadt der Insel, umgeben von einem Garten Eden voller Obstbäume, Palmen und Bananenplantagen. Eine ganze Reihe von umgebauten, altkanarischen Landhäusern (Villa Hermigua, Ibo Alfaro, Los Telares, Casa Creativa und einige mehr) bieten gastliches Ambiente – ruhige Kontrapunkte

zum Pauschaltourismus. Unten an der rauen Küste wartet ein toll
gelegenes Meerwasserschwimmbad darauf, dass es bald renoviert
und wiedereröffnet wird.

Geheimtipps:

Wenn Sie auf der Straße von San Sebastian nach Agure kurz vor
dem gigantischem Roque Agando nach rechts schauen und ein
bisschen Fantasie haben, dann werden Sie staunen: Da sitzt doch glatt
ein **Löwe aus Stein**; möge er Ihnen Glück bringen.

Mal Urlaub machen **wie die Kanzlerin**? Frau Merkel fährt gerne
in das gediegene Bungalow-Hotel Jardín Tecina auf dem Felsplateau
oberhalb von Playa Santiago (Doppelzimmer ab 120 Euro).

Im **Restaurant Abraxas** im Valle Gran Rey zwischen La Playa und
Vueltas hat ein ehemaliger Unternehmensberater sein Hobby zum Beruf
gemacht; er kocht mit Leib und Seele eine Fusion aus La Gomera, Bali,
Malaysia und Deutschland. Da sind wahrhaft köstliche Kreationen dabei.

Kuriositäten:

Es war einmal ein Skandalkünstler, der hieß **Otto Muehl**, und er
kam aus Österreich. Der Künstler arbeitete gern mit Blut und mit Kot,
aber auch mit nackten Frauen; Männer ließ er in seiner famosen Pissak-
tion aus dem Jahre 1968 um die Wette pinkeln. Galeristen nannten die
Kunstrichtung psycho-psychischen Naturalismus, weniger Sachver-
ständige nannten es Schweinerei. Dabei wollte der charismatische
Bürgerschreck doch bloß einen neuen Menschen erschaffen. Also
gründete er eine Kommune, in der Eigentum und Zweierbeziehungen
aufgehoben wurden. Da Radioaktivität in so einer neuen Gesellschaft
nicht gut ist, waren die Erleuchteten nach der Tschernobyl-Katastrophe
reif für die Insel. Sie kauften **El Cabrito**, eine abgelegene Bananen-
plantage auf La Gomera, einen lauschigen Ort mit Paradies-Touch.
Doch wie auch sonst in der verlängerten biblischen Geschichte, erklan-
gen in der Muehl-Kommune bald die schlangenhaften Töne des Kapi-
talismus. Schließlich wurde der Chef aus seinem Paradies geekelt. Die

Güter der Kommune wurden re-privatisiert, ihr Nachwuchs auch. Letzteres wiederum bescherte der österreichischen Justiz eine ganze Serie von Kindschaftsprozessen. Auch für den Guru a.D. Muehl nahm die Erleuchtung kein gutes Ende; er wurde wegen sexuellem Missbrauch von Kindern zu sieben Jahren Haft verurteilt. Der Stern veröffentlichte die beinahe unglaubliche Story unter der Schlagzeile „Sodom und Gomera"; der Berliner Schriftsteller Manni Beckmann ließ sich von den schrägen Ereignissen inspirieren und schrieb unter dem selben Titel einen spannenden Krimi (siehe 12. Schlaglicht Bücher und Filme). Heute ist El Cabrito eine seriöse Ferienanlage in ruhiger Lage und mit heimeligem Öko-Ambiente (Doppelzimmer mit Vollpension ab 140 Euro).

Am Strand des Valle Gran Rey steht seit 2007 ein vier Meter großer, langhaariger Muskelmann mit stolzem Blick und einem kaputten Gefäß in der Hand. Es ist kein Hippie, der im Sportstudio war, es ist **Hatucuperche**, ein Freiheitskämpfer der Guanchen, auf La Gomera so bekannt wie Hermann der Cherusker in Ostwestfalen.

Keinesfalls versäumen: den **Valle-Boten**. Ich hab' mir diese völlig abgefahrene Postille gekauft, mich auf die Terrasse vor Marias Bar gesetzt und – ganz ohne alkoholische Getränke – eine Stunde lang nur gelacht, geschmunzelt oder einfach fröhlich den Kopf geschüttelt. Satire pur aus dem Blickwinkel einer kleinen Insel, die mal am Arsch der Welt lag. „Von Vueltas bis zu den Lofoten – liest alle Welt den Valle-Boten" meint der „bedingt zurechnungsfähige Herausgeber" Capitano Claudio; wenn Sie ihn persönlich kennen lernen wollen: von Zeit zu Zeit ist er in seinem Buch- und Kramladen oberhalb des Hafens von Vueltas anzutreffen. Übrigens, Valle-Bote spricht man mit dem guten Doppel-l, das alle perfekt aussprechen können, die Malle zu Mallorca sagen.

9. Schlaglicht
La Palma

Die Caldera de Taburiente

La Palma ist eine der steilsten Inseln der Welt, und sehr klein. Und doch hat sie Platz für den zweithöchsten Berg der Kanaren und für einen der größten Vulkankrater der Welt. Man nennt La Palma gern **La Isla Bonita**, die schöne Insel. Sie ist aber nicht die Isla Bonita aus dem Song von Madonna; das Lied ist eine Hommage an die Schönheit Lateinamerikas. Macht nichts, denn La Palma ist nicht nur schön, sondern auch sehr grün; deshalb hat sie noch einen zweiten Kosenamen: **La Isla Verde**. Da mag man der Insel verzeihen, dass ihre wenigen Strände so schwarz sind wie zu Sand und Geröll gewordene Nacht. Als besondere Note setzen fast überall auf La Palma bunte, in allen Farben des Malkastens angepinselte Häuser fröhliche Farbkleckse in die Landschaft. Und dann gibt es noch die Bananen. Auf kilometerlangen Terrassenlandschaften sind nicht enden wollende „Bananenmeere" entstanden, die nur aus Plantagen der krummen Frucht bestehen – auch das ist sehenswert. Wenn die Nacht sich über die Insel senkt, schlägt die große Stunde der fast außerirdisch anmutenden Sternwarte auf dem Gipfel des Roque de los Muchachos mit dem größten Spiegelteleskop der Welt. Auch von anderen Orten der Insel ist der Blick in den Sternenhimmel gigantisch. Spätestens auf La Palma wird einem klar, dass wir nicht alleine im Universum sind.

Die Insel hat zwei größere Touristenorte, beide mit schwarzen Stränden: **Los Concajos** an der Ostküste, 4 Kilometer vor den Toren der schönen Inselhauptstadt Santa Cruz und **Puerto Naos** inmitten von Bananenplantagen auf der sonnenreicheren Westküste. Doch im Vergleich zu anderen Touristenzentren auf den Kanaren sind beide im Puppenstubenformat geblieben. La Palma, eine ruhige Insel.

Außerirdisch anmutend, die Sternwarte auf dem Gipfel des Roque de los Muchachos

Highlights:

Mit stolzen 28 Kilometern Umfang, knapp 10 Kilometern Durchmesser und fast 2 Kilometern Tiefe gehört die **Caldera de Taburiente** zu den größten Vulkankratern der Erde. Der Aussichtspunkt **La Cumbrecita** lockt mit einem herrlichen Postkartenblick in die Tiefen des zerklüfteten Kessels. Hier ist der Andrang bisweilen so groß, dass man sich vor der Auffahrt im Vulkan-Informationszentrum bei dem Städtchen El Paso eine Wartenummer geben lassen muss – so wie wir es in Deutschland vom Straßenverkehrsamt kennen.

Mit etwas mehr Zeit, noch spektakulärer und ganz ohne Wartezeiten können Sie sich der Caldera de Taburiente über die Straße von Santa Cruz zur Sternwarte nähern. Die **Traumstraße** mit der Nummer LP 1032 schraubt sich in unzähligen Kehren und Haarnadeln den Steilhang hinauf. Kleiner und immer kleiner wird die Küstenlinie, immer häufiger verschwindet sie in den Nebelschwaden der Passatwinde,

die alles grau werden lassen. Plötzlich bricht gleißendes Licht durch den dumpfen Schleier, und die Waschküche liegt Ihnen zu Füßen. Die Sonne zaubert eine Persil-weiße Watte aus den eben noch tristen Wolken. In weiter Ferne lugt die Spitze von Teneriffa's Teide aus dem Wolkenmeer. Dazu trällern Vögel ihr Lied in einen unendlich wei-

*Unterwegs
auf der Traumstraße*

ten Himmel, dessen Blau jede Postkarte schlägt. Satt-grüne Kiefern stehen auf einem hellbraunen Nadelteppich. Die Kurven nehmen kein Ende; bald geben auch die Kiefern auf – zu hoch! Felsen und Geröll haben nun das Sagen. Vereinzelte knorrige Büsche atmen Gebirgsluft und Einsamkeit, durchbrochen nur durch ein paar Mietwagen von Touristen, die sich vom stillen Zauber des Berges einfangen lassen. Noch weiter oben thronen die kugeligen Gebäude der Sternwarte, fremdartige Metallmonster, wie aus einem 30 Jahre alten Science Fiction Film. Und kurz danach haben wir den Gipfel des **Roque de los Muchachos** erreicht, seines Zeichens mit 2426 Metern der zweithöchste Berg der Kanarischen Inseln.

Es lohnt sich, vom Parkplatz direkt unterhalb der Spitze des Berges zu den beiden Aussichtspunkten des **Espigón del Roque** zu gehen und von hier aus tief in die Caldera zu blicken. Der Wettergott hat zwei spektakuläre Aussichtsvarianten im Programm: Schwindel erregend und erhaben, wenn man bei klarem Wetter bis auf den Grund des Kraters schauen kann (meistens morgens); unwirklich und bizarr, wenn der Krater mit weißen Wolkenteppichen zugedeckt ist, aus denen höllenmäßig zerklüftete Felsentürme ragen (zumeist nachmittags). In den Wintermonaten kann es leider auch passieren, dass Petrus übel gelaunt ist und blickdichten Regen, bisweilen sogar Schnee schickt.

Trotz aller Ruhe und Beschaulichkeit: auf der Isla Bonita ist nicht etwa der Hund begraben. Im Gegenteil, der Vierpfoter kann mit Frauchen oder Herrchen ohne Ende durch die Gemarkung tigern. La Palma ist die **Nummer 1 der Wanderinseln**. Ob Spazieren, Latschen, Trekken oder Kraxeln, die Insel hat für fast jeden Wanderstil die richtige Landschaft und den richtigen (meist recht gut ausgeschilderten) Weg.

Tipps:

Im 16. Jahrhundert war **Santa Cruz** de la Palma nach Sevilla und Antwerpen der drittwichtigste Hafen der Kolonialmacht Spanien. Ein großer Teil der Schiffe, die auf dem Weg in die neue Welt waren, gingen hier vor Anker. Von diesem Glanz der goldenen Vergangenheit

Schöne Inselhauptstadt mit zwei Gesichtern, Santa Cruz

ist so einiges bis heute erhalten geblieben. Die **Plaza España** zählt zu den schönsten Plätzen der Kanarischen Inseln; ein wunderbarer Ort, um kurz zu verweilen und in Gedanken die Jahrhunderte an sich vorbeiziehen zu lassen. Es lohnt sich auch, an der Plaza España die mächtige **Iglesia de El Salvador** zu betreten und die Blicke nach oben zu werfen. Sie landen zwar nicht gleich im Himmel, aber immerhin auf einer besonders kunstvollen und noch dazu bemalten Decke im arabischen Mudéjar-Stil. Gegenüber im **Rathaus** zeigen großflächige Wandmalereien das harte Leben von Bauern und Fischern in früheren Zeiten – eine fast schon realsozialistische Motivik in schweren Farben mittelalterlicher Kirchenkunst. Die **Calle O'Daly**, von den Einheimischen auch gerne Calle Real genannt, ist mit ihren museumstauglichen Häusern und schicken Geschäften Herz, Inselpromenade und Shopping-Center von La Palma. Schnuckelig kolonial zeigen sich die kleinen Gassen oberhalb der Hauptstraße. Auf manchen Dächern wachsen kleine Drachenbäume; Bänke auf lauschigen Plätzen laden zum

Verweilen und Betrachten der gedrungenen Uralthäuschen ein. Die Puppenstuben-hafte Kapelle Nuestra Señora de la Luz y San Telmo überrascht mit einem prächtigen, goldüberladenen Altar.

An der **Avenida Marítima** zeigt Santa Cruz ihr zweites, ihr lautes, ihr pulsierendes, ihr sehr mediterranes Gesicht. Straßencafés, Restaurants, Geschäfte und Büros säumen die viel befahrene Magistrale. Hier stehen die schön restaurierten, alt kanarischen Balkonhäuser, die längst zu einem der beliebtesten Fotomotive der Insel geworden sind. Demnächst wird vor der Uferstraße auch noch ein Strand angelegt, und das zweite Gesicht von Santa Cruz wird so richtig topp gestylt sein.

Ein einfaches und gutes Restaurant mit toller Atmosphäre: die **Trattoría im Casino** auf der *Calle Pérez de Brito 15* in Santa Cruz. Schlichte Gaststättenmöbel stehen zwischen weißen Säulen in einem hochherrschaftlichen Haus; die Küche ist gradlinig, italienisch, lecker. Die Restaurant-Klassiker in Santa Cruz: **La Placeta** auf der *Calle Pérez de Brito* mit einem kuscheligen Speisesaal in einem alten Haus an der hübschen *Placeta de Borrero* und **La Lonja** in einem der tollen Balkonhäuser auf der *Avenida Marítima 55*.

Im Hotel **Hacienda San Jorge** in Los Cancajos fühlt man sich ein bisschen wie in einem Wunderland-Film. Von alten Haziendas inspirierte Bauten stehen inmitten eines bunten, botanischen Gartens; zwischen Palmen und urzeitlich anmutenden Riesengummibäumen krächzt ein Papagei; eine Ente watschelt zu ihrem Teich. Das Hotel ist außergewöhnlich, ein touristisches Schmuckstück mit Paradieshauch.

Das Restaurant **El Pulpo** in Los Concajos liegt direkt am Strand und ist noch im altpalmerischen Kiosko- oder Fressbudenstil gehalten, aufgewertet mit reinen Tischdecken und viel frischer Farbe an den groben Holzwänden.

Fuencaliente im äußersten Süden der Insel lässt die Herzen aller Feuerberg-Fans höher schlagen: hier gibt es die höchste vulkanische Aktivität des Archipels, hier ist noch im Jahre 1971 der **Teneguía** ausgebrochen. Die beschauliche Kulturlandschaft der Insel endet in einem schroffen Lavafeld. Schwarz und zackig ragt der innerlich kochende Berg in den Himmel vor dem Meer. Es lohnt sich, auf einem ausgeschilderten Staubsträßchen zu ihm hinzufahren und hinauf zu kraxeln. Der leichte Aufstieg dauert höchstens eine halbe Stunde. Sein schon seit mehreren Jahrhunderten ruhender Nachbar, der Vulkan **San Antonio**, hat sogar ein Besucherzentrum, vor dem ein paar dürre Kamele traurig auf der Lava sitzen. Zumeist sind die Tiere unterbeschäftigt, weil fast alle Besucher/innen den Panoramaspaziergang über den Kraterrand dem Ritt auf dem Wüstenschiff vorziehen. Die Asche des San Antonio ist so glatt in den Trichter hineingerutscht als wäre der Vulkan eine Eieruhr. Unten im Krater wachsen kleine Kiefern und setzen giftgrüne Farbkleckse in den pechschwarzen Sand. Eine fast unwirkliche Welt, mit der sich die Menschen trefflich arrangiert haben. Denn an den Hängen von Teneguía und San Antonio wächst ausgezeichneter Wein an Rebstöcken, die so knorrig sind wie uralte Olivenbäume. Weiter unten an der Südspitze der Insel trotzen riesige Bananenplantagen der scheinbar lebensfeindlichen Vulkanwelt. Die (sehens-

Lässt die Herzen aller Feuerberge-Fans höher schlagen, Fuencaliente

werten und sehr foto-
genen) Salinen bei den
beiden Leuchttürmen
von Fuencaliente produ-
zieren 600 Tonnen Salz
pro Jahr.

Mal etwas anderes
zum Thema Museen
und Kunsthandwerk: die
**Seidenwerkstatt Las
Hilanderas** in dem Ort
El Paso zwischen Santa
Cruz und Los LLanos.
Hier werden Seiden-
waren tatsächlich noch

Malerisches Ferienörtchen, Puerto de Tazacorte

so hergestellt, wie man es im 18. Jahrhundert gemacht hat. Ein inter-
essanter Einblick! Wussten Sie zum Beispiel, dass eine Arbeiterin einen
ganzen Tag braucht, um ein Stückchen Seide von mal gerade 40 an 70
Zentimetern herzustellen? Oder, dass ein einziger Seidenraupenkokon
bis zu tausend Meter hauchdünnen Faden enthält?

Der Urlaubsort **Puerto Naos** an der Westküste liegt in einem
wahren Meer von Bananenplantagen. Durch die fast städtische, mehr-
stöckige Bauweise hinter einer breiten Promenade mit netten Terras-
senlokalen und einem von Palmen aufgelockerten Strand ist so etwas
entstanden wie die Legoland-Kopie von Nizza. Das Örtchen hat Charme,
und am Ende eines jeden heiteren Tages versinkt die Sonne mit
wunderbaren Farben im Meer.

Puerto de Tazacorte: Aus einem verpennten Hafen an einer
dunklen Geröllküste hat sich ein malerisches Ferienörtchen gemausert.
Häuser in den bunten Malkastenfarben, die die Palmeros so lieben,
setzen fröhliche Akzente vor die dahinter liegende, schroffe Felswand.
Besonders schön sitzt man an der Promenade vor der Taverna del
Puerto, einem stimmungsvollen Lokal in einem alten Lagerhaus. Für

Wildromantische Piratenbucht, Porís de Candelaria

History-Fans hängt in der Taverne eine sehenswerte Kollektion von Fotografien aus dem vortouristischen Zeitalter.

Jedes Jahr am 7. und 8. September erscheint in dem Städtchen Tijarafe an der Westküste mitten in der Nacht **„El Diablo"**, ein vier Meter großer Teufel, der durch die Menschenmenge tanzt, meterlange Feuerfontänen speit und schließlich selbst in Flammen steht. Das Teufelsfest, ein irres, archaisches Spektakel, das auch für den Leibhaftigen selbst nicht ganz ungefährlich ist. Immerhin schützt er sich seit ein paar Jahren durch einen Glasfaseranzug unter seinem Kostüm, wie ein Formel 1-Fahrer.

Von Tijarafe führt eine abenteuerliche Straße hinunter zur **Porís de Candelaria**, einer kleinen Bucht, die mit ihren Wohnhöhlen so wildromantisch in einer steilen Schlucht verborgen ist, dass man sie auch gern Piratenbucht nennt. Der Weg dorthin wird trotz Asphalt und Leitplanken jedem TÜV-Beamten zeitlebens fremd bleiben, ein kleines Kunstwerk des Straßenbaus, das nur wirklich Schwindelfreie unbefangen bewundern können. Auf den letzten 400 Metern kann aufgeatmet werden; da geht es nämlich nur noch zu Fuß weiter.

Das Örtchen **Puntagorda** ist auf la Palma sozusagen der nordwestliche Außenposten des Gastgewerbes. Es gibt eine nette Pension unter deutscher Leitung (Mar y Monte) und einen deftigen Dorfgasthof (Pino de Virgen). Ansonsten ist die landschaftlich reizvolle Nordküste eine Halbwüste für müde Häupter und hungrige Mägen. Nur hier und da ein Landhaus, das man mieten kann und vereinzelte Restaurants mit genauso vereinzelten Öffnungszeiten. Ab Barlovento gibt es dann wieder mehr für den touristischen Bedarf.

Die eigentliche Sensation von Puntagorda ist sein winziger, wilder Hafen. Vom Ort führt ein etwa sieben Kilometer langes Sträßchen hinunter zur Steilküste. Von dort geht es zu Fuß weiter auf einem schmalen, in den schwarzen Stein gehauenen Weg, vorbei an Höhlen und kleinen, an die fast senkrechte Wand geklebte Wohnungen. Unten am Meer schlägt tosende Gischt gegen das schroffe Gestein der winzigen Bucht. Mir ist völlig schleierhaft, welche Boote es jemals geschafft haben, in **Puerto de Puntagorda** ohne Totalschaden anzulanden.

In **Los Tilos** im Nordosten der Insel gibt es noch heute jene Lorbeerwälder, mit denen bis zur letzten Eiszeit halb Europa bedeckt war. Die Lorbeerwälder von La Palmas sind nicht ganz so bizarr wie ihr Pendant auf La Gomera, wo Lorbeer und Riesen-Erika ein gespenstiges Zauberland für Elfen und Trolle geschaffen haben. Es sind Nebelwälder, in denen sich eine ganze Reihe anderer Pflanzen mit den Lorbeerbäumen mischen. Farne, mit Moosen überzogene Felswände, Erde und Luft sind voll gesogen mit der ewigen Feuchte der Passatwinde, durchtränkt wie ein Schwamm, der gerade im Eimer war. Die Farbe Dunkelgrün zeigt, dass allein sie hundert verschiedene Töne haben kann. Dazu plätschert im Tal unter dem Besuchszentrum ein Bach, und die Vögel zwitschern ihr Lied. Der vom Parkplatz unterhalb des Zentrums ausgeschilderte Weg zum Mirador Espigón Atravesado führt Sie zwei Stunden lang durch die vorzeitlichen Wälder; als Zugabe gibt es gleich zu Anfang des Weges einen durch die steil aufragenden Felsen führenden Tunnel.

Die Meeresschwimm-
bäder **Las Piscinas de
Fajana** im äußersten Nordosten der Insel sind eine
Wucht. Man planscht in
einem sicheren Pool und
spürt doch die Urgewalten
des Wassers, wenn die
Brandung wild über die
Ränder des Schwimm-
beckens schlägt. Schon die
Anfahrt zu den Bädern
macht Laune. Steil windet
sich die Straße durch ein

Ein Besuch in Drachenhausen, das Dörfchen La Tosca

grünes Meer von Bananenstauden, das sich ganz weit unten, da wo
der alte, fotogene Leuchtturm steht, mit den blauen Weiten des Atlan-
tiks vereinigt. An einer Stelle ist die Straße so abschüssig, dass man
meint, geradewegs in den Ozean hinein zu fahren.

Ein Besuch in **Drachenhausen**: Gewöhnlich werden Drachenbäume als Einzelstücke gehegt und gepflegt. In dem Dörfchen La
Tosca im Norden der Insel aber stehen gleich 30 dieser urzeitlichen
Gewächse zwischen den gedrungenen Katen. Ein fast unwirkliches
Fleckchen Erde; da könnte doch glatt ein Zauberdrache hinter einem
der gespenstigen Bäume auf Sie warten. Treffpunkt: etwa zwei Kilometer westlich von Barlovento unterhalb des Aussichtspunktes
Mirador La Tosca, zu erkennen an der riesigen Palme am Straßen-
rand.

Hartweißer Meeresschaum brodelt vor einer Mondsichel aus tief-
schwarzem Sand, die sich in eine mit dunkelgrünem Gestrüpp
bewachsene Steilküste kuschelt: Die **Playa de Nogales**, der male-
rischste Strand von La Palma, ein paar Kilometer unterhalb des
Örtchens Puntallana etwa zehn Kilometer nördlich von Santa Cruz.

Geheimtipps:

Mein La Palma-Favorit: die abenteuerliche **Tunnelwanderung zu den Quellen von Marcos und Cordero** im Nordosten der Insel. In den 1930er Jahren hat man dort oben in den Bergen ein einzigartiges Kanalsystem errichtet, über das Teile der Insel, ja sogar ein kleines Kraftwerk mit Wasser versorgt werden. Man fahre mit seinem Mietwagen von der Stadt Los Sauces das ausgeschilderte Sträßchen in Richtung Marcos y Cordero bis nach Las Cancelas/Aula de la Naturaleza. Hier endet der Asphalt; es geht nur noch mit dem Geländewagen oder zu Fuß weiter. Ich empfehle, sich hierhin ein Jeeptaxi kommen zu lassen, damit die Tour nicht zu lang und anstrengend wird. Telefon: 629 213435, am besten einen Tag zuvor anrufen; Kostenpunkt 15 Euro, wenn der Unternehmer genügend Mitfahrer/innen hat. Das Geländetaxi bringt Sie zur etwa 12 Kilometer entfernten Casa del Monte.

Dort geht es sofort los mit den Erlebnis-Tunneln. Ein unbeschreiblich schöner, leicht begehbarer Weg führt an den Wasserkanälen und einem Steilhang entlang durch insgesamt dreizehn schmale Steinröhren zu den Quellen. Aus den ersten Tunneln können Schwindelfreie durch Öffnungen in der steilen Felswand atemberaubende Blicke in die Tiefe der Schlucht werfen. Der dritte Tunnel dann hat es in sich. Er ist 400 Meter lang und recht niedrig. Da geht ohne Taschenlampe nichts mehr; und man kann sich verdammt leicht seinen Kopf blutig stoßen. Nach dem neunten Tunnel hört man es in der Ferne rauschen, und wenn Sie aus der elften Röhre zurück ins Licht treten, sehen Sie den Marcos-Wasserfall auf der anderen Seite der Schlucht an einer fast senkrechten Wand nach unten stürzen. Die Mutprobe kommt in dem patschnassen und gedrungenen zwölften Tunnel; in den regenreichen Wintermonaten ist das Ganze eigentlich eher etwas für Taucher mit Gummistiefeln und Schutzhelmen. Man muss waten, sich durch wahre Wasservorhänge hindurch kämpfen und immer gut auf den Kopf aufpassen. Auch von den Seiten werden die armen Wanderer bespritzt, als seien sie in einer Spaßdusche gelandet. Wer das nicht so

Marcos y Cordero, Wanderweg mit Hindernissen

lustig findet oder keine wasserdichte Kleidung hat, macht an dieser Stelle besser kehrt. Auch dann hat sich der Weg mehr als gelohnt. Wer durch das Abenteuer-Rohr hindurch kommt, kann als Belohnung und Sahnehäubchen die beiden Wasserfälle von Nahem bewundern.

Insgesamt brauchen Sie für Hin- und Rückweg von der Casa del Monte bis zu den Quellen jeweils etwa zwei Stunden. Auf dem Rückweg bietet es sich an, auf dem mit PR LP6 ausgeschilderten, ziemlich steilen Weg in anderthalb Stunden von der Casa del Monte zu Fuß zurück zum Auto zu gehen. Wer richtig gut in Form ist, kann dies natürlich auch auf dem Hinweg tun und sich so das Geländetaxi ersparen.

Eine andere **Variante der Marcos y Cordero Wanderung** ist, seinen Wagen in Los Tilos stehen zu lassen, sich von dort mit dem Taxi zur Casa del Monte bringen zu lassen, und von den Cordero-Fällen auf holprigem Pfade direkt nach Los Tilos zurück zu gehen. Dann kann man sich natürlich nicht mehr vor dem zwölften Tunnel drücken; außerdem ist dieser etwa dreieinhalbstündige Weg recht anspruchsvoll und rutschig.

In der Nähe des Gipfels vom Roque de los Muchachos treibt sich Carmelo herum. Carmelo ist ein **zahmer Rabe**, und er weiß, dass er vom Angestellten des Nationalparks gefüttert wird. Wenn der Parkwart ihm das sagt, lässt sich Carmelo sogar auf der Schulter von Touristen nieder.

Kuriositäten:

In Santa Cruz de la Palma – immerhin die Inselhauptstadt – dürfen die Uhren trotz Globalisierung noch ein bisschen langsamer gehen. Wer auf der Hauptgeschäftsstraße, der **Calle O'Daly** unterwegs ist, von dem wird einfach erwartet, dass er Zeit für ein Schwätzchen mit all denen hat, die er kennt – und hier kennt fast jeder jeden. Natürlich haben auch Palmeros es schon einmal eilig. Für diese Fälle gilt das ungeschriebene Gesetz, über die Parallelstraße, die *Calle Alvarez Abreu* zu gehen; denn dort ist es absolut korrekt, nur kurz zu grüßen.

Die Deutschen mögen La Palma; doch dass es in dem winzigen Ort Puntallana zehn Kilometer nördlich von Santa Cruz gleich eine ganze **deutschsprachige Bibliothek** gibt, das ist schon außergewöhnlich. Es ist der Nachlass eines Berliner Buchhändlers, der sich nach La Palma zurückgezogen hatte. Die Bila (Biblioteca Internacional en Lengua Alemana) ist nur mittwochs von 10 bis 14 Uhr geöffnet – aber man kann die Bücher ja auch ausleihen. Und wenn Sie schon einmal in Puntallana sind, schauen Sie sich doch mal das originelle **Museo Casa Luján** an. In einem schön restaurierten Herrenhaus wird anschaulich gezeigt, wie die Menschen in der alten Zeit so gelebt haben. Doch anstelle der sonst üblichen Museumspuppen sind die verschiedenen Räume von Mayos bewohnt, Stoffpuppen mit gruseligen Flachgesichtern, die eigentlich zum traditionellen Kreuzfest am 3. Mai jeden Jahres gehören.

In **Fuencaliente** an der Südspitze der Insel stehen zwei Leuchttürme gleich nebeneinander, der neue leuchtet den Schiffen und der alte döst im verdienten Denkmalschlaf.

Auf halber Strecke des wildromantischen Pfads zur Piratenbucht **Porís de Candelaria** steht plötzlich mitten in der Gemarkung ein halb fertiges Toilettenhäuschen – vermutlich gemäß touristischer Bedarfsplanung mit Mitteln der Europäischen Union errichtet.

Es gibt Stadt- und Einkaufspromenaden, es gibt Fluss-, See- und Strandpromenaden. Doch wo gibt es schon eine **Bananenpromenade**? In dem attraktiven Städtchen Tazacorte im Westen der Insel ist ein schön gestalteter Wandelweg angelegt, direkt über den riesigen Bananenplantagen, die den Ort umgeben.

10. Schlaglicht
El Hierro

Wie aus einer anderen Welt, die Wachholderbäume von El Sabinar

Der riesige Krater von El Golfo ragt tief in die kleine Insel hinein. Deshalb wird El Hierro auch gern die Insel des liegenden Halbmondes genannt. Hier war einmal das Ende der Welt, hier stand einmal das kleinste Hotel der Welt und – wenn alles so funktioniert wie von der Inselregierung geplant – wird El Hierro schon bald die erste Insel der Welt sein, die ihren gesamten Energiebedarf mit Wind, Wasser und Sonnenkraft deckt. Ganz andere Pläne hat die spanische Regierung: Sie will am Ende ihrer Welt eine Abschussrampe für Satelliten installieren. Bisher haben sich die Herreños allerdings mit Erfolg gegen eine derartige Zweckentfremdung ihres beschaulichen Inselchens gewehrt.

Der Name der Insel gibt Rätsel auf. Manche sagen, er käme von dem Guanchen-Wort für Wasserbehälter oder von einem Wort der Ureinwohner, das Fels bedeutet. Andere sagen, dass Hierro eine Ableitung des arabischen Guareb sei, was so viel wie Grotte heißt. Die Spanier haben die Insel schon von je her Fero bzw. Hierro genannt; beides sind Worte für Eisen – obwohl es ja gar kein Eisen auf der Insel gibt. Deshalb glauben wieder andere, das O am Ende von Hierro sei eine Null und bezeichne den Nullmeridian, der Jahrhunderte lang auf der Inseln verortet wurde. Alle Klarheiten beseitigt?

Highlights:

César Manrique, der Ausnahmekünstler aus Lanzarote war da. Mit seinem **Mirador de la Peña** hat er es ein weiteres Mal geschafft, Natur und Kunst zu einer grandiosen Einheit zu verschmelzen. Das Aussichtslokal ist in einen herrlichen kanarischen Garten gebettet, vor dem es nahezu senkrecht in die Tiefe geht. Durch seine Panoramascheiben offenbart es einen unvergleichlichen Blick über die fast einen Kilometer weiter unten gelegene Bucht von El Golfo. Die Gäste schweben über einem Abgrund von berauschender Schönheit. Wenn Passatwolken wie ein riesiges Gebirge aus Watte das Tal verhängen, könnte man in dieser einzigartigen Gaststätte meinen, gleich neben Petrus im Himmel zu sitzen.

Árbol Garoé, der sagenhafte Regenbaum, von dem die Menschen dereinst tranken, ziert noch heute das Wappen der Insel; ihm zuliebe wurde sogar bei San Andrés eine Gedenkstätte eingerichtet, an der man ein ähnliches Gewächs gepflanzt hat. Denn leider, leider ist der echte „Heilige Baum" bereits im 17. Jahrhundert ausgestorben. Und so werden nach und nach die lange Zeit kaum beachteten **Wachholderbäume von El Sabinar** an der Westküste Hierros zum neuen Symbol der Insel. Es sind einzigartige Gewächse, zerzaust und gebeugt wie uralte Greise, von ewigen Winden grotesk verkrüppelt. Sie wären eine 1A-Kulisse für die Abenteuer der Hobbits in den verwunschenen Wäldern eines J. R. R. Tolkien. Eine einmalige Sehenswürdigkeit wie aus

Herzallerliebst, Ermita de Nuestra Señora de los Reyes

einer anderen Welt. So ziert auch einer dieser Bäume das Cover des Albums „Another World" von Brian May, dem Gitarristen der englischen Megaband Queen.

Hoch über der **Westküste Hierros** schlängelt sich ein luftiges Sträßchen mit einer fantastischen Szenerie, erst an steilen Felswänden entlang und dann mitten durch zerklüftete Lavafelder. Für Leute mit Höhenangst ist das fürwahr ein Abenteuer. Wenn Sie von Norden kommen, erwartet Sie am Ende der Tour die beschauliche Ruhe einer herzallerliebsten, weiß getünchten Kirche. In der **Ermita de Nuestra Señora de los Reyes** wohnt die Dreikönigsjungfrau, die auf der ganzen Insel verehrte Heiligenfigur. Die Oberjungfrau von Hierro schiebt eine vergleichsweise ruhige Kugel; meistens ist ihre kleine Kirche (leider) geschlossen, und nur einmal in vier Jahren wird sie mit einer gewaltigen Prozession zur Inselhauptstadt Valverde gebracht. Das nächste Mal muss die Madonna erst im Jahr 2013 wieder ran.

Einmal in der Gegend, fahren Sie unbedingt zum **Faro de Orchilla** an die Westspitze der Insel. Der stattliche Leuchtturm liegt fernab von jeder Ortschaft inmitten einer bizarren Landschaft aus pechschwarzer Lava, gegen die das Meer mit weißen Schaumkronen schlägt. Leuchtturmwächter in so einer einsamen, fast abweisenden Gegend, das muss ein Posten für Autisten gewesen sein; deshalb wird der öde Job auch heutzutage von einem Computer verrichtet. Bevor Christoph Kolumbus Amerika entdeckte, nahm man an, hier müsse das Ende der Welt sein. Deshalb hatte schon der gute alte Ptolomaeus die Längengrade an der westlichen Spitze Hierros beginnen lassen. Bis ins 18. Jahrhundert blieb der sogenannte Nullmeridian beim Leuchtturm von Orchilla.

Bei einem Ausflug zu den verschiedenen Highlights an der West-küste sollte man etwas Proviant mitnehmen, denn es gibt auf dem ganzen Weg weder Ortschaften noch Geschäfte oder Gaststätten.

Tipps:

Die verschlafene Inselhauptstadt **Valverde** bietet mit das schlechtes-te Wetter auf der ganzen Insel; allzu oft setzen triste Wolken einen origi-nellen Kontrapunkt zu den sonnendurchfluteten Küsten. Die grauen Nebel sollten Sie aber keinesfalls davon abhalten, einen Tag in dem netten, noch sehr typisch gebliebenen Städtchen zu verbringen. Valver-de hat nur drei Hotels; deshalb stehen sie auch einträchtig nebeneinan-der in allen gängigen Reiseführern. Von den Dreien hat mir das **Hostal Casaña** auf der *Calle San Francisco 9* mitten im malerischen Stadtkern am besten gefallen. Einige der einfachen Zimmer haben Wintergärten und einen herrlichen Blick über die hübsche Kirche aufs weite Meer. Auf den Fluren hängen Fotografien von den größten Sehenswürdigkeiten der Insel, sozusagen ein Gratis-Reiseführer für die Inselrundfahrt (Doppel-zimmer 38 Euro). Montag Morgen 10 Uhr: Die **Bar Zabagú** gleich neben der Pension ist schon rappelvoll, da tanzt der Dorfbär; die Einheimischen beginnen die neue Woche mit einem Gläschen Wein und die Touristen staunen. Ebenfalls an der Hauptstraße – ein Stück weiter heißt sie *Calle Doctor Quintera* – findet sich die Esquina de Don Claudio, eine richtig sympathische Kneipe in einem ural-ten Haus.

Auf der Straße von Puerto de Estaca, dem Hafen Hierros nach Valverde steht unübersehbar ein seltsames, **Meister-Proper-weißes Kunstwerk** mit zwei entschlossen dreinblickenden, einäugigen Helden. Es wurde zu Ehren der Prozession der Inseljungfrau im Jahre 2009 er-richtet. Sehenswert, das Monstrum!

Naturwunder, das Tal von El Golfo

Der **Parador Nacional** ist die einzige noble Herberge der Insel, gediegen, fast mondän und mit einem Pool über dem Meer, dabei im Preis überschaubar. Die schicke Variante für einen Urlaub auf der bodenständigen Insel am Ende Europas liegt grandios auf der schwarzen Lava der Südküste, hinter sich fast senkrecht in den Himmel ragende Berge (Doppelzimmer 145 Euro). Auf dem Weg von Puerto de Estaca zu dem einsam gelegenen Parador passiert man einen langen Tunnel und als Foto-Schmankerl die bizarre Felsformation **Roque de la Bonanza** mit einem Loch in der Mitte.

Tamaduste an der Ostküste gleich hinter dem Flughafen liegt an einer von Riffen geschützten Bucht. Stufen, Liegeflächen und Geländer haben sie zu einem sicheren Schwimmbad gemacht, und das ist gut so. Denn es gibt auf Hierro so gut wie keine Strände, und an den Felsküsten ist das Schwimmen vielerorts gefährlich.

Der Blick vom Aussichtspunkt **Mirador de Jinama** ist genau so atemberaubend wie derjenige vom Mirador de la Peña, nur halt ohne Gaststätte, dafür noch einen Tick höher; geht es doch von hier über 1000 Meter fast senkrecht in die Tiefe. Und wenn sich Wolken im Tal von El Golfo verfangen haben und wie aufgekochte Watte dampfen, dann weiß man, warum solch ein ehemaliger Vulkankrater auch gerne Talkessel genannt wird. Wenn mal kein Wolken-Dampf im Kessel ist, sehen Sie tief, tief unten im Tal scheinbar planlos in das Naturwunder

Atemberaubend, Blick vom Mirador de la Peña

gekleckerte Ansammlungen von Weilern, einzelnen Häusern und riesigen Planen, mit denen Bananenplantagen vor der Unbill der Natur geschützt werden. Rechts am Horizont, auf den schwarzen, ins Meer ragenden **Roques de Salmor** haben einst **Rieseneidechsen** gelebt, die es angeblich auf ein Echsen-Gardemaß von einem Meter bringen konnten. Wahrscheinlich hat ihnen die vom Homo Sapiens so seltsam veränderte Umgebung nicht mehr gefallen – irgendwann im letzten Jahrhundert sind sie fast ausgestorben. Es gab nur noch eine Handvoll Überlebende, die sich in einer besonders unzugänglichen Ecke des Vulkankraters versteckt hatten. Im Jahre 1975 wurden die verschreckten Geschöpfe per Zufall entdeckt und umgehend in eine Zuchtanstalt gesteckt. Besuchen können Sie die nachgezüchteten Urviecher im **Museumsdorf Guinea** auf der Straße von Tigaday nach Las Puntas: Sehenswerte Jurassik-Park-Vertreter – selbst wenn ihnen der ergründliche Gesichtsausdruck eines Galápagos-Leguans fehlen mag. Die neue Generation des „Lagarto Gigante" ist auch etwas kleiner als ihre legendären Vorfahren von den Roques de Salmor. Doch hier besteht Hoffnung; schließlich werden Eidechsen ziemlich alt und wachsen ihr gesamtes Reptilienleben lang. Apropos Museumsdorf Guinea: neben dem **Eidechsenheim** gibt es restaurierte bzw. rekonstruierte Häuser der früheren Inselbevölkerung, insbesondere des Guanchenstamms der Bimbache zu besichtigen.

Einfach fantastisch ist der schon von den Ureinwohnern genutzte **Wanderweg** von **La Frontera** im El Golfo-Tal über den **Mirador de Jinama** nach San Andrés auf der Hochebene. Er läuft an der Steilwand des Kraters entlang und eröffnet spektakuläre Ausblicke. Die alten Bimbaches haben den 7,5 Kilometer langen Weg schön breit ausgebaut; denn sie brauchten ihn, um ihre Ziegen und Schafe ins Tal und wieder hinauf zu treiben. Für fitte Wanderer bietet sich die Bergauf-Strecke an, starke Raucher können auch in San Andrés starten und bergab gehen. Drei bis vier Stunden muss man für die Wanderung einkalkulieren.

Etwas oberhalb im El Golfo-Krater, nicht weit von der Kirche in **La Frontera** liegt die Hotelanlage **El Sitio**, ein heimeliges Paradies für Ökos, die es zu ein bisschen Geld gebracht haben, aber alternativ bleiben wollen. Aus Lavagestein gebaute, kuschelige Appartments im alten Stil mit einem tollen Blick ins Tal; dazu geführte Wanderungen, Meditation, Yoga und ein Buddha, der über einem künstlich angelegten Wasserfall thront (Appartment ca. 50 Euro). Wer es lieber wie damals hätte, als der Tourismus noch laufen lernte, gehe ins **El Guanche** weiter unten auf der *Calle Cruz Alta 1* in **Tigaday**; eine passable Pension (Doppelzimmer mit fließend kaltem und warmen Wasser 23 Euro). Sehr schön unter Lorbeerbäumen sitzt man in Tigaday an den Tischen des **Restaurants Dan Din 2** auf dem breiten Mittelstreifen der *Calle Ignacio Padrón*.

Der einsame Turm der Kirche Iglesia de Nuestra Señora de Candelaria in La Frontera

Am Ende der Welt, der Leuchtturm von Orchilla

Ist die Insel auch noch so klein, der Wein kann verdammt gut sein: selten habe ich einen so süffigen, frischen und gleichzeitig gehaltvollen Rosé getrunken wie den von der **Viña Frontera** auf Hierro. Schon die volle, fruchtige Farbe dieses Weines ist eine Wucht.

Das winzige Örtchen **Pozo de Salud** im Norden der Insel hat schwefelhaltiges Heilwasser und ein an die schwarze Felsküste geklotztes Gesundheitshotel. Es soll nur wenige Krankheiten geben, die man dort nicht kurieren kann.

Die Straße von San Andrés in Richtung Süden nach Restringa bzw. über Hoya de Morcillo nach Orchilla führt durch **traumschöne Kiefernwälder**. Da spielt das satte Grün der großen Nadelbäume mit dem tiefen, unendlichen Blau des Himmels und dem kräftigen Ocker des Waldbodens, auf den Nacht-schwarze Schlagschatten fallen. Derweil knirschen die Zapfen der Bäume unter den Reifen des Mietwagens – man kann sie natürlich auch aufheben und sich ein besonders schönes Exemplar fürs nächste Weihnachtsfest aussuchen.

Wenn Sie einen Ausflug zum Leuchtturm von **Orchilla** unternehmen, empfehle ich, sich mit einer Taschenlampe zu bewaffnen. Mit derselben gehen Sie dann auf das große Holzkreuz zu, das auf dem Lavafeld steht

Dufter Ausguck, Höhle bei Orchilla

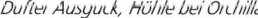

als wolle man dort gerade einen Christus-Film drehen. Nach vielleicht hundert Metern finden Sie den Eingang zu einer **Höhle**, die noch nicht durch Hinweisschilder, Neonbeleuchtungen und Reiseleiterzwang entweiht wurde. Dafür kann man sich aber auch gut den Kopf stoßen. Es ist stockfinster, und der alte Lavatunnel ist ziemlich lang. Es braucht also schon ein bisschen Mut oder eine Ersatztaschenlampe, wenn man sich immer weiter in die Finsternis wagt. Welch eine Erleichterung, wenn plötzlich durch einen Einsturzkrater endlich wieder gleißendes Sonnenlicht in die Unterwelt strömt. Von hier ist es dann auch nicht mehr weit, bis der Lavatunnel mit einem duften Ausguck hoch über dem Meer endet.

Geheimtipps:

Zur gerade beschriebenen Höhlenforschung beim **Faro de Orchilla** nun die **Abenteuer-light-Version**: Zwischen Holzkreuz und Meer, da wo das Licht durch den Einsturzkrater in den Lavatunnel tritt, gibt es für Zartbesaitete noch einen zweiten Eingang. Durch diesen kommt man ziemlich schnell bis zum Ende der Höhle und kann ohne allzu intensiven Hades-Kontakt den Blick aus dem Felsen hinaus aufs Meer genießen.

Für einen richtig netten Abend in **Valverde** möchte ich Sie in eine Ecke des Städtchens entführen, die nicht unbedingt die schönste ist. Doch es lohnt sich. Gehen Sie die *Calle Santiago* ein kleines Stück stadtauswärts und trinken als Aperitif ein Gläschen Wein im **Brasero San Fleit**, einer reinrassigen Dorfspelunke. Hier lebt noch das alte Spanien, hier ist es laut, hier wird durcheinander geredet, hier jubelt, flucht und leidet man vor dem Fernseher, der plärrend ein Fußballspiel überträgt. Nach dem zweiten Vinito wird es dann Zeit für den stilvoll, romantischen Teil des Abends, gleich gegenüber im **Restaurant Mirada Profunda**. Dort ist in französischer Trikolore eingedeckt; der Wirt kocht selbst, mit viel Liebe und ausgezeichneten Rezepten, die er aus Frankreich mitgebracht hat, wo er acht Jahre in großen Restaurants an den Töpfen stand.

Kuriositäten:

Der Turm der fast zwei Jahrhunderte alten **Iglesia de Nuestra Señora de Candelaria** in La Frontera wurde nicht etwa – wie sich das ja wohl gehört – auf der Kirche errichtet. Der Campanario steht einsam auf der Spitze eines ziemlich hohen Lavahügels hinter dem Gotteshaus. Das Ganze sieht ein bisschen nach moderner Kunst aus; es liegen ja auch Jahrhunderte zwischen den beiden Gebäudeteilen; der seltsame Glockenturm wurde nämlich erst im Jahr 1957 gebaut.

Das **Hotel Punta Grande** in Las Puntas war jahrelang das kleinste Hotel der Welt. So stand es im Guiness-Buch der Rekorde. Mittlerweile hat ihm das Eh'häusl im bayrischen Amberg den Rang abgelaufen; denn dort können maximal zwei Personen untergebracht werden. Einmalig bleibt indes die megaromantische Lage des Punta Grande auf den Basaltfelsen der ehemaligen Hafenmole, auf drei Seiten vom tosenden Meer umspült. Da das Hotelchen mit seinen vier Zimmern wirklich sehr klein ist, sollte man vorher reservieren (Doppelzimmer ca. 60 Euro).

Die bisher **einzige Ampelanlage Hierros** wurde nicht etwa in der Hauptstadt, sondern an einem Tunnel aufgestellt, durch den die Betuchteren zum besten Hotel der Insel fahren, zum Parador Nacional.

Jahrelang das kleinste Hotel der Welt, das Hotel Punta Grande

11. Schlaglicht
Essen und Trinken

Sundowner auf La Gomera

Die Küche auf den Kanarischen Inseln ist nicht nur einfach spanisch oder einfach international; auch die engen Verbindungen zu Lateinamerika, ja selbst die alten Guanchen haben ihre originellen Spuren in den Töpfen hinterlassen.

Highlights

Eine der größten Spezialitäten Spaniens ist der **Jamón Ibérico**, ein besonders würziger, geräucherter Schinken, vielleicht der beste Schinken der Welt. Man nennt ihn auch gern Jamón de Pata Negra, weil er von schwarzen, iberischen Schweinen stammt, die meist auch schwarze Füße haben. Das non plus ultra unter den vielen verschiedenen Sorten ist der Jamón de Bellota, der Schinken von jenen glücklichen Schweinen, die frei herum laufen dürfen und sich dabei nur von leckeren Eicheln ernähren.

Mojo Rojo und **Mojo Verde**, die beiden köstlichen Tunken gehören zur kanarischen Küche wie der Deckel auf den Kochtopf. Das Mojo Rojo wird aus Kräutern, Knoblauch, Olivenöl und Chili angerührt – Vorsicht scharf! Bei der sanften Variante Mojo Verde ersetzt der Koch die etwas rabiaten Schoten durch Petersilie und Koriander.

Papas Arrugadas, gerne mit Runzelkartoffeln übersetzt, sind allgegenwärtige Sättigungsbeilage auf den Kanarischen Inseln. Traditionsgemäß werden die leckeren Kartöffelchen mit Meersalz gekocht und mit Schale gegessen.

Eine **Tradition voller Lebensfreude**, bei der Ernährungswissenschaftler/innen mit fachkundiger Leidensmine die Hände über dem Kopf zusammenschlagen. Ob mittags oder abends, in Spanien isst man gerne sehr spät, aber dafür dann umso länger, fettig, süß und keinesfalls ohne Wein. Die fröhlichen Mahlzeiten werden regelrecht zelebriert und verwandeln sich gern in eine kleine Fiesta. Restaurants haben sich mittlerweile längst auf nordeuropäisches Schnellessen eingestellt. Doch wer einmal privat eingeladen wird, kann noch erleben, wie man so richtig tafelt und feiert. Oder gehen Sie einfach mal auf Beobachtungsposten, wenn eine spanische Großfamilie ein Lokal betritt.

Tipps

In Arucas auf Gran Canaria wird mit der beste Rum ganz Spaniens hergestellt. Der gute Tropfen heißt **Arehucas**, und für Schleckermäuler gibt es ihn auch als Ronmiel mit Bienenhonig versetzt – aber dafür nur noch mit schlappen 20% Alkohol. Mit den klassischen Varianten des Arehucas (goldbraun oder weiß) kann man herrliche Cuba Libres mischen, die so richtig schön sanft kommen – bis sie dich auf die Bretter hauen. Auch La Palma hat noch eine kleine Rumbrennerei: in dem kleinen Hafen Puerto Espíndola wird aus heimischem Zuckerrohr der **Ron de Aldea** destilliert.

Eine der Spezialitäten von La Gomera ist **Almogrote**, ein mit Chili, Knoblauch und Olivenöl pikant gemachter Ziegenstreichkäse.

Bacalao ist sicher nicht jedermanns oder jeder Frau's Sache. Schon die spanischen Seefahrer sind ihm mit langen Zähnen begegnet. Und dennoch hat es der Stockfisch geschafft zur Spezialität zu werden. Gut zubereitet, ist er heutzutage ein sehr teures Gericht – und nicht mehr gar so salzig und zäh wie in der guten, alten Zeit.

Bis auf die Wüsteninseln Lanzarote und Fuerteventura sind die Kanaren noch immer **Bananenland**, in La Palma, Teneriffa und Gran Canaria mehr, in La Gomera und El Hierro etwas weniger. Die leckeren, krummen Früchte schmecken ganz anders, viel süßer als unsere Chiquita, die wir aus Lateinamerika und von Edeka kennen. Es ist eine kleinere Sorte, die ihren Ursprung in Indochina hat.

Unter den spanischen Regionalküchen stechen die **baskische** und die **galizische** hervor. Da steht noch der Hausmann mit seinen bodenständigen Rezepten Pate – es muss ja nicht immer mediterran sein.

Caramba, carajo, un **Carajillo**, das „kleine Donnerwetter", ideal nach einer schweren Mahlzeit: ein besonders starker Espresso mit einem (kräftigen) Schuss Weinbrand.

Chicharrones sind knusprig gebratene Speckstücke. Gern werden die Chicharrones in Gofio-Mehl gewälzt, doch dann wird es sehr trocken.

Chorizo, die würzige, rote Wurst, eine Art Salami mit viel Paprika.

Conejo, das Kaninchen ist ein in Spanien sehr beliebtes Speisetier. Die kanarische Variante heißt Conejo en Salmorejo, einer Tunke aus Chili, Paprika, Thymian, Knoblauch und Orégano. Auch Cabra, die Ziege wird sehr gern im Topf gesehen, vor allem auf Fuerteventura, wo es lange Zeit mehr Ziegen als Menschen gab.

Bei so viel Meer drum herum, sind Meeresfrüchte und vor allem **Fisch** sehr angesagt, auf den Kanarischen Inseln auch gerne als Suppe (Caldo de Pescado) oder Eintopf (Cazuela de Pescado).

Flan, die Franzosen würden diesen leckeren Pudding Crème Caramel nennen.

Gofio ist das Mondamin der Guanchen, ein feines Mehl aus geröstetem Mais und Getreide. In der alten Zeit hatte man besonders auf Reisen stets einen Beutel mit Gofio dabei. Und immer wenn man Hunger verspürte, vermischte man das Pulver mit Wasser zu einer nahrhaften Pappe – das brachte einen wieder nach vorn. Heutzutage wird Gofio in vielen Restaurants zum Einrühren in die Suppe gereicht. Hier und da ist auch Gofio-Kuchen im Angebot.

Vorsicht bei **Hybridlokalen mit Speisekartenlitaneien**, auf denen italienisch, argentinisch, mexikanisch, spanisch und sonst was gemischt ist. Je länger eine solche Karte ist, desto eintöniger ist zumeist das Essen. Natürlich gibt es auch rühmliche Ausnahmen zu dieser Bauernregel der globalisierten Gastronomie.

Eine große, manchmal riesige Pfanne mit Safran-gelbem Reis, zwischen dem man Krabben, Muscheln, Fisch oder Huhn finden kann. Wer kennt ihn nicht, den spanischen Küchenklassiker **Paella** – natürlich auch auf den Kanarischen Inseln auf den Speisekarten.

Einladend, Restaurant in Puerto de la Cruz

Auf La Gomera wird viel **Palmenhonig** hergestellt, sehr beliebt in Süßspeisen. Mischt man den Palmenhonig mit klarem Schnaps, entsteht der Gomerón, das Alki-Highlight der Insel mit den vielen Palmen – welch ein süßer Hammer!

Pimientos del Padrón nennt man kleine, mit Salzkristallen gebratene Paprikaschoten – eine pikante, dabei gar nicht mal so scharfe Vorspeise.

Potaje de Berros, eine deftige Gemüsesuppe mit Kresse.

Quesadillas sind ganz besondere Käsekuchen mit einem leicht rauchigen Geschmack, die in Valverde auf El Hierro nach einem hundert Jahre alten Rezept gebacken werden.

In vielen etwas traditionelleren Lokalen wird **Queso Asado con Mojo Verde** angeboten, köstlich gebratener Ziegenkäse mit der für die Inseln so typischen grünen Tunke mit Petersilie und Koriander.

Früher hat man sie bei uns vielleicht Appetithäppchen genannt. In Spanien waren sie „Begleitmusik" zu Wein oder Bier. Heute sind sie in halb Europa absolut en vogue: die **Tapas**, Tellerchen mit (Tinten)Fisch,

Wurst, Käse, Schinken, Oliven, Kartoffeln und, und, ...und ...und ....
Wer will, kann sich aus den bunten Naschereien auch gern ein ganzes
Menu zusammenstellen.

Die **Tortilla Española** ist ein Omelette wie die Spanier es gerne
mögen, nämlich mit Kartoffeln.

Sehr zu empfehlen ist der **Wein** von den Kanarischen Inseln. Er
blickt auf eine Jahrhunderte alte Tradition zurück und wird in viel kleineren Mengen hergestellt als die Massenweine vom Festland, und so
bewahrt er sich zumeist seine besondere Note. Der meiste Wein
wächst auf Teneriffa; doch dann folgt sogleich Lanzarote, wo die
Weinreben, durch pittoreske Mäuerchen geschützt, aus der schwarzen Vulkanasche wachsen – eine Anbaumethode, die wohl einzigartig
in der Welt ist.

Zwölf Trauben zum neuen Jahr. Bei jedem Glockenschlag muss
man eine essen. Eine schöne, spanische Tradition, bei der man sich
leicht verschlucken kann. Doch wer es hinkriegt, wird das ganze Jahr
Glück haben.

12. Schlaglicht
Bücher und Filme über die Kanarischen Inseln

Der Autor mit der Skulptur von Néstor Álamo in Las Palmas

Jürgen und Maria Alberts
Sieben Rosen im Atlantik, 1999

Leichte, ansprechende Unterhaltung und Reiseführer zugleich, eine ideale Urlaubslektüre für Gran Canaria, Lanzarote und vor allem Teneriffa, wo das Gros der Handlung spielt. Jürgen und Maria Albers haben Land und Leute, Geschichte und Touristen, Kochrezepte und Eigenheiten der Kanaren fein recherchiert und in eine spannende Geschichte eingewoben, in der Time-Sharing-Haie und Immobilien-Abzocker arglosen Inselliebhabern und traditionsverwurzelten Altkanariern das Leben schwer machen.

Horst Uden
Unter dem Drachenbaum, 1946, 2007
Eine schöne Sammlung von Märchen, Mythen und Legenden, die Horst Uden vor vielen Jahren einmal aufgeschrieben hat.

Teneriffa:

Irene Börjes
Tod am Teide, 2007
Recht gelungene Mischung aus Touristenklamauk, Hausfrauenkrimi und Landeskunde Teneriffa; gut für Mußestunden am Pool.

Alfred Gebauer
Alexander von Humboldt, Seine Woche auf Teneriffa, 1985, 2009
Auch wenn es nur eine Woche war. Der deutsche Universalgelehrte hat gesammelt, geforscht und vieles wissenschaftlich erschlossen; er hat es sogar geschafft, den 3718 Meter hohen Teide zu besteigen. Das Buch von Gebauer beschreibt den Forscher und seine Reise; es enthält auch Originaltexte von Humboldt.

Irene-Christine Graf
Teneriffa, Insel der Hoffnung, 2009
Etwas holpriges Familien- und Liebesdrama mit ein paar Tupfen gut recherchierter Inselkunde.

Volker Himmelscher
Das Drachenbaum-Amulett, 2010
Mein Teneriffa-Favorit: Fesselnder Psycho-Thriller um einen Ritual-Mörder, der bei seinen Opfern ein Amulett mit einem Drago, dem heiligen Baum Teneriffas hinterlässt. Gekonnt aufgebaut, spannend erzählt und verdammt gruselig; so ganz nebenbei führt der Autor seine

Leser/innen durch Puerto de la Cruz, in gute Lokale und erzählt Wissenswertes über Teneriffa und seine vielen Feste. Einziger Nachteil dieses tollen Krimis: nach seiner Lektüre kann es passieren, dass einem ein Schauer den Rücken runter läuft, wenn man einen der schönen Drachenbäume sieht.

Marga Lemmer
Der Inseltraum, 2008

Ein gut gemachter Frauenroman, die realistisch erzählte Story einer verdammt mutigen Frau, die sich einfach nach Teneriffa absetzt, und das in den altbackenen 1960er Jahren. Ihr untreuer Mann und die fast erwachsenen Kinder bleiben zurück. Man könnte glatt meinen, die Autorin habe das alles selbst durchlebt. Auf jeden Fall kennt sie sich gut aus und schmückt die Geschichte mit vielen treffenden Beschreibungen und Hintergrundwissen vor allem über den Nordosten der Insel aus.

Jeanette Sanders
Die Reise der Aphrodite, 2006

Eine Strand- und Urlaubslektüre mit viel Sex, viel Liebeskummer, aber nur wenig Landeskunde.

Gran Canaria:

Leonie Bach
Gran Canaria, all inclusive, 2000

Verwechslungskomödie mit Herz, Schmerz und noch viel mehr Groschenroman-Klischees als das wirkliche Leben auf einer Ferieninsel zu bieten hat. Gran Canaria dient der Autorin als durchaus liebevoll beschriebene Kulisse. Nur kommt die Insel unterm Strich ziemlich kurz weg – wie das bei All-inclusive-Urlauben halt so sein kann.

José Luis Correa
Drei Wochen im November, 2003

Mit dem leicht kauzigen Privatdetektiv und Frauenfreund Ricardo Blanco hat der Autor eine richtige Type geschaffen. Hier und da mag der Pepe Carvalho des Bestseller Autors Manuel Vázquez Montalbán Pate gestanden haben; doch insgesamt bleibt Blanco ein authentischer Kanarier, den man gerne bei der Lösung eines nicht ganz alltäglichen Falls in Las Palmas begleitet. Die faszinierend schöne Maria Arancha beauftragt Blanco mit der Aufklärung des Todes von ihrem Freund. Der Detektiv stolpert ins Gefühlschaos und in die Untiefen der feinen Inselgesellschaft, wo es plötzlich gar nicht mehr so fein zugeht. Wenn man sich erst einmal an den etwas schwadronierenden Schreibstil Correas gewöhnt hat, werden Spannung und Lesefreude von Seite zu Seite immer größer.

José Luis Correa
Tod im April, 2004

Noch spannender, verzwickter und psychologischer als der erste Ricardo Blanco Krimi. Die Figur des kauzigen Privatdetektivs legt das Klischeehafte ab und wird zu einer richtigen Romanfigur. Auch die anderen Personen der Geschichte haben schärfer gezeichnete Charakterzüge. Und wer möchte nicht unbedingt erfahren, was das für ein Mensch ist, der oder die anscheinend völlig unbescholtene Männer tötet und die Leichen in feminine Reizwäsche steckt. Ganz nebenbei erfahren wir auch in diesem Buch eine ganze Menge über Gran Canaria und seine Bewohner.

Gisela Seeger Ays
Ginas Kleid, 2001

Die Geschichte beginnt schön urlaubsmäßig mit etlichen lokalkolorierten Szenen in Las Palmas. Doch nach nur 50 Seiten ist es vorbei mit Sonne und Spannung auf Gran Canaria. Die etwas aufgesetzt wirkende Kriminalstory verlagert sich ins regnerische Hamburg.

Alberto Vazquez-Figueroa
Océano, 1984

Mein Lanzarote-Favorit: Eine ergreifende, dramatische Familienge-schichte, die der auf Teneriffa geborene Autor vor dem grandiosen Panorama der Feuerinsel Lanzarote glänzend in Szene setzt. Alles beginnt Mitte des 20. Jahrhunderts in Playa Blanca, als an dem heuti-gen Touristenstrand „die Welt noch mit Brettern vernagelt war". Der Sohn eines Fischers tötet den Sprössling eines mächtigen Grundbesit-zers, um seine Schwester vor einer Vergewaltigung zu bewahren. Nach diesem Vorfall hat die Familie keine Ruhe mehr und muss schließ-lich nach Südamerika fliehen. Der Roman gibt tiefe Einblicke in das Leben und Denken auf den Kanarischen Inseln, und ist dabei keine Sekunde langweilig. Eins der Bücher, die man am liebsten gar nicht mehr aus der Hand legen möchte.

Celia Brayfields
Placidos Strandbar, 2001

Ein seltsames Buch; die Insel „Los Alcazares" ist Kulisse für eine dahin plätschernde Geschichte aus schwierigen Beziehungen und einem rätselhaften Todesfall. In diversen Rückblenden beschreibt die Autorin fast schon wissenschaftlich genau die gewaltigen Vulkanausbrüche der Jahre 1730 bis 1736, die Lanzarote ihr fast außerirdisches Ausse-hen bescherten. Sie zitiert aus historisch verbürgten Aufzeichnungen des Pfarrers von Yaiza, der die Naturkatastrophe hautnah beschrieben hat. Obwohl sämtliche Ortsnamen verändert sind, erkennt man Lanza-rote in allen Beschreibungen auf Anhieb wieder und fragt sich, was die eigenartige Verschleierungsübung soll.

Michel Houellebecq
Lanzarote, 2000

Wenn Sie wissen wollen, wie aggressiv und heimtückisch Kamele sein können, wie man am Papageienstrand zwei Lesben vögelt und wie sich hinter einer liebenswert depressiven Fassade das Böse im Menschen verbergen kann, dann könnte die knappe Erzählung des französischen Skandalautors die richtige Urlaubslektüre für Sie sein. Zart Besaitete und Ferienromantiker sollten die laut Süddeutscher Zeitung „traurigste Reisegeschichte der neueren Literatur" vielleicht lieber zu Hause lesen – oder gar nicht.

Sibylle Keller
Last Minute Lanzarote, 2000
Pfiffige Urlaubsmischung aus Sonne, Sex, Klamauk und Landeskunde. Schreiend komische Slapstick-Einlagen, informative Reiseführerpassagen und herrliche Karikaturen der Ferien- und der Schicki-Micki-Welt sind gekonnt in eine gefällige Groschenromanhandlung eingeflochten; mit viel Herz und Schmerz und Gut und Böse versteht sich.

Fuerteventura:

Henrike Madest
Sonne, Sand und Tod, 2010
Wie der Titel schon vermuten lässt: keine Weltliteratur, und Henning Mankell kann dieser Krimi auch nicht das Wasser reichen. Doch das Buch ist flockig geschrieben, hat gute Touri-Slapstick-Szenen und einige schöne Beschreibungen der Insel.

Alberto Vazquez-Figueroa
Fuerteventura, 1999
Nazi-Thriller um die geheimnisumwitterte Villa Winter auf Fuerteventura; leider zurzeit nur auf spanisch erhältlich.

Mani Beckmann
Sodom und Gomera, 1999

Eine junge Frau verschwindet im Aussteigermilieu des Valle Gran Rey auf La Gomera. Ihre Zwillingsschwester macht sich auf die Suche nach der Vermissten – und landet selbst im Gefängnis. Der Autor baut geschickt Spannungen auf, wechselt bisweilen die Erzählperspektive und legt auch gerne mal eine falsche Fährte. So müssen Leser/innen kriminalistisch bei der Stange bleiben, um rauszukriegen, wie die seltsame Geschichte denn nun ausgehen mag. Mal ist die Deutschen-Enklave und Aussteiger-Szene von La Gomera reale Kulisse, mal ist sie ein frei erfundenes Sodom. Auf jeden Fall hat Beckmann Althippies, Gomera-Freaks, Selbsterkennern und Rebirthing-Tucken glänzend aufs Maul geschaut.

La Palma:

Tief im Schlund des riesigen Vulkankegels von La Palma muss sich irgendwo ein Urquell der Inspiration verbergen – für deutsche Autoren jedenfalls. La Palma ist die Kanarische Insel, auf der die meisten deutschsprachigen Romane spielen

Harald Braem
Der Vulkanteufel, 1994

Mein La Palma-Favorit, ein gekonnter Regionalroman und fesselnder Fantasy-Thriller zugleich. Da gibt es jede Menge Lokalkolorit aus dem La Palma der 1990er Jahre. Da mischen sich einfühlsame Beschreibungen der grandiosen Insellandschaften und ihrer Bewohner mit alten Mythen. Da geschehen plötzlich mysteriöse Dinge in der Sternwarte am Roque de los Muchachos. Die Apokalypse droht – so gut recherchiert, dass man fast dran glauben könnte. Denn Vulkane schlafen nicht; irgendwann werden sie wieder ausbrechen; das weiß die Wissenschaft. Eine Katastrophe ungeahnten Ausmaßes wird eintreten, dem Satan zum Wohlgefallen. Und so bekommt das archaische Teufelsfest in der Kleinstadt Tijarafe plötzlich eine ganz andere Bedeutung. Ein Schuss Liebe für die Urlaubsstimmung ist bei allem Fantasy und allem Schrecken aber auch dabei. Für mich ein 5-Sterne-Roman.

Cord Hagen
Der Schlund, 2007

Ein auf La Palma spielender Wissenschafts-Fantasy-Thriller mit „fressenden Felsen", UFOs und Weltuntergangs-Szenario. Dazu eine Reihe von Halbwahrheiten über La Palma und Sprüche wie aus den Klamauk-Krimis der 1970er Jahre. Cord Hagen soll das Pseudonym eines deutschen Bestseller-Autors sein. Manche glauben wegen der thematischen Nähe zu dem Erfolgstitel „Der Schwarm", der ja auch teilweise auf La Palma spielt, es sei Frank Schätzing; bei manchen Passagen hat man indes das Gefühl, dass ein Sprachcomputer bei der Dichtung behilflich war.

Harald Körke
Noch ein verdammter Tag im Paradies, 1988

Eine mittlerweile mehr als 20 Jahre alte Sammlung von bisweilen quiekend komischen Satiren über beknackte, trottelige und allzu deutsche Aussteiger, die ihre Probleme mit schrecklich hinterwäldlerischen, bauernschlauen und geldgierigen Einheimischen auf La Palma haben. Der Autor trägt verdammt dick auf, politisch überhaupt nicht korrekt, gut gemachte Satire, aber auch der dreiste Affront eines Zuwanderers. Körke bekam die Quittung. Einige Palmeros waren so erbost, dass sie dem Autor sein Haus in Brand steckten und ihn schließlich von der Insel vertrieben. Eine innereuropäische Variante der Mohammed-Karikaturen, die heutzutage auf den Kanarischen Inseln kaum noch vorstellbar ist.

Frank Schätzing
Der Schwarm, 2004
Der fast tausend Seiten starke Tiefsee-Ökothriller von Schätzing hat ein paar Szenen auf La Palma; auch den Angriff von unfreundlichen Haien, die dort vor der Küste kreuzen.

Peter Wark
Versandet, 2002
Flüssig geschriebener Urlaubskrimi aus La Palma. Typen, die locker drauf sind, ein paar Einblicke ins deutsche Aussteigermilieu und in die schöne Inselwelt. Dazu eine recht spannende Handlung, die immer neugierig aufs nächste Kapitel macht.

Peter Wark
Absturz, 2003
Sozusagen die Fortsetzung von „Versandet". Der Aussteiger Martin Ebel säuft noch mehr und wird schon wieder in eine Mordgeschichte hineingezogen. Diesmal gibt es weniger La Palma-Lokalkolorit, dafür ein überraschendes Ende.

El Hierro:

Inge Stender
Liebe schützt vor Irrtum nicht, 2008
Der Roman fängt im Stil einer etwas langweiligen Familiengeschichte an; man merkt, dass die Autorin eine Lehrerin ist. Doch dann tun sich vor der liebevoll beschriebenen Kulisse des friedlichen Inselchens plötzlich menschliche Abgründe auf, und es wird richtig spannend auf El Hierro. Gut gemacht, Frau Stender, eine 2+.

Kampf der Titanen
Louis Leterrier, 2010

Action-Spektakel aus dem Altertum, einer Zeit, als die Götter noch lebten und Griechenland noch nicht so pleite war wie heute. Doch gemütlich ging es auch damals nicht zu. Götter und Halbgötter, Kraken, Monster, Hexen und halbtote Soldaten schlagen sich so heftig die Köpfe ein, dass es selbst in der Unterwelt kracht. Entnommen ist die Story übrigens der Perseus Sage. Weite Strecken des spannenden Fantasy-Streifens spielen auf Teneriffa in der Mondlandschaft um den Teide. Man kann sich ja auch gut vorstellen, dass sich hier irgendwo der Eingang zum Reich des Hades befindet.

Zerrissene Umarmungen
Pedro Almodóvar, 2009

Fesselndes Melodram des spanischen Starregisseurs. Ein kleinerer Teil der Handlung spielt auf Lanzarote mit der grandiosen Bucht von Famara als Refugium einer unglücklichen Liebesbeziehung. Bei dem tragischen Autounfall hat die tödliche Karambolage Pate gestanden, bei der der Ausnahmekünstler César Manrique im September 1992 sein Leben ließ.

Hierro, Insel der Angst
Gabe Ibáñez, 2009

Düsterer Psychothriller mit gekonnt gesetzten Horror-Effekten. Sehr spannend gedreht, allerdings keine Fremdenverkehrswerbung. Ibáñez macht aus dem eher beschaulichen El Hierro eine unwirtliche Insel der Angst, mit finsteren Landschaften und bedrohlichen Einwohnern, dazu ein karger Campingplatz und ein schäbiges Hotel. Selbst Hierro's arme Rieseneidechse, in freier Wildbahn ja längst ausgestorben, muss psychomäßig ran – als Statist für eine Gruselszene.

13. Schlaglicht
Hinweise und Nebenwirkungen

Schilderwald auf El Hierro

Auf Telefonnummern und (Internet-)**Adressen** von Hotels und Restaurants habe ich in diesen Schlaglichtern verzichtet, weil sie alle über Suchmaschinen wie Google ganz einfach im Internet zu finden sind. Die Hotels sind zumeist auch in den Prospekten der deutschen Reisveranstalter vertreten.

Von Reisegesellschaften angebotene **Ausflüge** im Bus mögen vielleicht nicht jedermanns Sache sein. Und dennoch möchte ich Ihnen ans Herz legen, es einmal darauf ankommen zu lassen und so eine Tour mitzumachen. Denn oft sind die Reiseleiter/innen verdammt gut und unterhaltsam. Ihre anekdotischen Hintergrundinfos können spannende Einblicke in die Inselwelten vermitteln, Einblicke, die den Autopiloten in ihren Mietwagen verschlossen bleiben und die man auch in Reiseführern kaum findet. Diese Empfehlung gilt natürlich nicht für Kaffeefahrten und Dumping-Ausflüge, bei denen Kochtöpfe, Rheumadecken und noch schlimmere Dinge verkauft werden, die eigentlich keiner haben will. Besonders unseriös und unterm Strich fast immer ein Verlustgeschäft sind die auf solchen Touren oder sonst wo feilgebotenen Timesharing-Offerten.

Der kleine Verlag Editorial Zech hat sich auf **Bücher** spezialisiert, mit denen man in urlaubstauglicher Weise Land, Leute und Kultur der Kanarischen Inseln kennen lernen kann. Eine sympathische Idee, aus der ein kleines, feines und noch dazu preisgünstiges Sortiment von Romanen und Krimis, von Geschichtensammlungen und Einblicken in die Inselgeschichte entstanden ist. Sie finden die „Inselbücher" in Hotelrezeptionen und Andenkenläden, natürlich auch in Buchgeschäften.

Das **Essen** in den Hotels ist im Vergleich zu den 1980er oder 1990er Jahren unvergleichlich besser geworden. Viele Häuser der mittleren und gehobenen Klasse fahren heutzutage so großzügig auf, dass sie bei Reinhard Mey's Heißer Schlacht am kalten Buffet in der Spitzengruppe lägen. Da bleibt kein Auge trocken und kein Teller leer. Auch des Morgens sind die Zeiten des iberischen Knastfrühstücks vorbei. Spülwasserkaffee und Betonbrötchen sind out, angesagt sind Früchte und Müsli, komplettes englisches Frühstück für die Gäste aus dem Vereinigten Königreich; Wurst, Käse und ein gekochtes Ei für die Deutschen. Dies ist Standard; natürlich gibt es in den verschiedenen Hotels Abweichungen nach oben, manchmal auch nach unten.

Die weiß, gelb, blau angepinselten **Fähren** der Reederei Fred Olsen sind nicht zu übersehen, teurer, schneller und moderner als die der Konkurrenz. Doch man wird in den klobigen Riesenschnellbooten eingesperrt wie in einem Flugzeug. Wer im Urlaub lieber einen Gang zurückschaltet und auf dem Sonnendeck entspannen möchte, sollte Geld sparen und auf den „Pötten" von Armas von Insel zu Insel tuckern. Auch Delfine und Wale sind sehr mit dieser Entscheidung für die Gemütlichkeit einverstanden; haben doch schon zu viele ihrer Artgenossen Olsens Wasser-Raumschiffe überhört und in ihren Schaufelturbinen einen schrecklichen Tod gefunden.

Wer mal so richtig feiern will, ist auf den Kanarischen Inseln gut aufgehoben; der Archipel ist ein wahres Land der **Feste**. In Las Palmas auf Gran Canaria und in Santa Cruz auf Teneriffa werden an den tollen Tagen Mega-Events der Superlative hochgezogen, die dem berühmten Karneval in Río überhaupt nicht nachstehen. Und so dauern Feiern, Umzüge und Tänze auch mehr als eine Woche. Das ganze endet mit dem tieftraurigen Begräbnis einer riesigen Sardine aus Pappe – und dann sollte eigentlich die Fastenzeit beginnen. Ostern wird es dramatischer. Hunderte gespenstische Kapuzenmänner prozessieren am Karfreitag durch die größeren Altstädte und lassen das Mittelalter wieder auferstehen. Ganz besonders beeindruckend wird das düstere Spektakel in Teneriffa's La Laguna inszeniert. Über das ganze Jahr verteilt finden auf den Inseln die bunten Romerías statt, feierliche Prozessionen mit viel Hummtata, bei denen der jeweilige Dorfheilige durch die Gassen getragen wird. Noch viel mehr Aufwand wird für besonders wichtige Jungfrauen getrieben. So geleitet eine gewaltige Prozession auf La Palma die „Schneejungfrau" Virgen de las Nieves alle fünf Jahre von ihrer Kapelle in die Hauptstadt. Kleine Frau ganz groß: die nur 57 Zentimeter große Terrakotta-Figur reist in einer 700 Kilo schweren, vergoldeten Sänfte, das nächste Mal im Jahr 2015. Die „Königsjungfrau" Nuestra Señora de los Reyes auf El Hierro macht sich alle vier Jahre auf den Weg nach Valverde, das nächste Mal im Jahre 2013. Die Oberjungfrau des gesamten Archipels, Nuestra Señora de la Candelaria auf Teneriffa muss sogar jedes Jahr ran, immer am 14. und 15. August. Doch sie hat einen vergleichsweise ruhigen Job; die schwarze Madonna wird nur einmal durch die Straßen von Candelaria und einmal rund um den Hauptplatz getragen. Richtig farbenfroh geht es an Fronleichnam zu: in vielen Städten werden Straßen und Plätze mit riesigen Blumenteppichen geschmückt. Am eindrucksvollsten wird die Pracht in La Orotava im Norden Teneriffas in Szene gesetzt,

dort allerdings immer eine Woche nach dem offiziellen Fronleichnamstag. Wunderbare, vergängliche Kunst – kaum fertig gestellt latscht die Prozession über die tollen Bilder aus tausenden von Blumen. Das sind nur einige der kanarischen Feste; es gibt noch viele mehr, wie zum Beispiel das archaische, ziemlich durchgeknallte Spektakel mit dem Feuer speienden Teufel Anfang September in Tijarafe auf La Palma. Also: wann und wo Sie auch immer auf den Kanarischen Inseln sind, fragen Sie einfach in der nächsten Touristeninformation, ob gerade in der Nähe ein Fest steigt. Die Chancen stehen nicht schlecht.

Alle Kanarischen Inseln haben internationale **Flughäfen** – bis auf La Gomera und El Hierro. Auf diese beiden Inseln kommt man nur per Zwischenstation, am besten auf Teneriffa, und von dort weiter mit den kleinen Inselhopper-Flugzeugen oder mit der Fähre.

In den Touristenzentren kann es schwierig und/oder teuer sein, vor Ort eine Übernachtungsmöglichkeit zu finden. Vor allem die großen Bettenburgen sind so perfekt auf Reisegruppen von TUI und Co. eingestellt, dass **Individualreisende** an den Rezeptionen wie Außerirdische wirken, denen man bisweilen mit Verwirrung oder Befangenheit entgegen tritt. Dies kann dazu führen, dass gerade kein Zimmer frei ist oder aber der Übernachtungspreis deutlich höher ist als bei einer Buchung über eine Reisegesellschaft. In kleineren Ferienorten und in Pensionen gibt es dieses Problem natürlich nicht.

Nicht alle Besucher/innen der Kanarischen Inseln können gut spanisch; doch das macht nichts; es gibt ja deutsche **Inselzeitungen**. Zum Beispiel den Kanaren Express, das Wochenblatt, Info Canarias, das Megawelle Magazin, die Teneriffa Nachrichten, Hallo Gran Canaria, Lanzarote 37°, die Fuerteventura Zeitung, den Mirador de El Hierro, den

Erdhörnchen auf Fuerteventura

Correo del Valle in La Palma und last, but not least: Von Vueltas bis zu den Lofoten – liest alle Welt den Valle-Boten, das abgedrehte Gomera-Magazin.

Klimatisch gesehen sind die Kanaren die Inseln des ewigen Frühlings. Dabei kann der Frühling durchaus unterschiedlich ausfallen, je nach dem, wo man ist und in welchem Monat man kommt. Auf den Nordseiten der Inseln regnet es mehr als im Süden. Diese Unterschiede sind umso ausgeprägter, je höher die Berge sind, die auf der jeweiligen Insel stehen. So ist das Regenrisiko in Puerto de la Cruz auf Teneriffa in den Wintermonaten ziemlich hoch, während man im Süden der Insel in der Gegend um Los Cristianos/Playa de las Américas bei mehr als 350 Sonnentagen im Jahr sogar vom ewigen Sommer sprechen könnte. Auf Lanzarote, vor allem aber auf Fuerteventura ist das Regenrisiko mangels hoher Berge insgesamt geringer. Auf allen Kanaren ist es in den Wintermonaten kühler als im Sommer. Dann kann genau wie bei Bergtouren eine Jacke sehr nützlich sein. So richtig kalt oder furchtbar heiß wird es auf den Inseln aber so gut wie nie. Richtig unangenehm ist eigentlich nur der Calima, ein von Zeit zu Zeit aus der Sahara kommender, fieser Wüstenwind, der sich wie ein dreckiger, heißer Lappen über die Inseln legt und den Leuten die Poren mit Sand verstopft.

Auf den größeren Inseln sind die **Mietwagenpreise** unschlagbar niedrig. Ein Schlaglochsuchgerät kriegt man drei Tage lang schon für nicht mehr als 50 Euro; und da es auf den allermeisten Straßen kaum Schlaglöcher gibt, dürfte so ein Kleinstgefährt in der Regel völlig ausreichen. Auf den kleineren Inseln kostet ein bescheidenes Auto auch nicht mehr als 30 Euro pro Tag.

Seit 1928 hat die spanische Regierung zur Förderung des Fremdenverkehrs an besonders schönen Orten des Landes sogenannte **Paradores Nacionales** errichten lassen. Oft sind es zum Hotel umfunktionierte, historische Gebäude, oft sind sie fantastisch gelegen und bieten ihren Gästen ein traumhaftes Panorama. Bis auf Lanzarote haben alle Kanarischen Inseln einen Parador:

- Der Parador Las Cañadas del Teide auf Teneriffa steht mitten in der Mondlandschaft am Fuße des Vulkans.
- Der Parador Cruz de Tejeda auf Gran Canaria im zentralen Bergland hat einen herrlichem Blick auf den imposanten Roque Nublo.
- Der Parador de La Gomera präsentiert sich im Stile einer altspanischen Hazienda und glänzt mit einem Traumblick über die Inselhauptstadt und auf Teneriffa.
- Der Parador de EL Hierro liegt ganz für sich allein an einer wildromantischen Lavaküste.
- Der Parador de La Palma ist ein bisschen klotzig geraten, aber schön eingebettet in die Hügellandschaft oberhalb der Hauptstadt Santa Cruz.
- Das Hotel Fuerteventura Playa Blanca ist zwar nur ein ehemaliger Parador, doch nach wie vor eine gediegene Herberge mit Panoramablick über die Küstenlinie von Puerto del Rosario.

Zwei, drei oder vier Inseln zu besuchen und dann jeweils in einem Parador zu übernachten, das wäre eine sehr individualistische und stilvolle Variante die Kanaren kennenzulernen. So ein Inselhopping ist sowohl mit Schiffen als auch mit Flugzeugen ohne weiteres möglich, aber auch nicht ganz billig. Dabei halten sich die Übernachtungskosten in den Paradores in einem Rahmen, der um die 150 Euro pro Nacht und Doppelzimmer liegt. Sonderangebote gibt es auch.

Abschleppwagen und Krallen sind in Spanien äußerst beliebte Mittel des Verwaltungshandelns. Daher ist es nicht falsch, die vom deutschen Recht abweichenden Regeln für das Abstellen von Autos – zu denen übrigens auch die Mietwagen zählen – zu kennen: Gelbe Linien auf der Straße bedeuten **Parkverbot**, und die blauen Linien zeigen an, dass Parkgebühren erhoben werden.

Ein Tipp für **Raucher/innen**: bringen Sie keine Zigaretten mit auf die Inseln, auch nicht aus dem Flugzeug. Auf den weitgehend steuerfreien Kanaren kostet nämlich eine ganze Stange nur um die 15 Euro; preisgünstiger ist eine Krebserkrankung fast nirgendwo erhältlich. Es wird allerdings immer schwieriger, einen Ort zu finden, wo man sich seinen Glimmstengel in Ruhe anstecken darf. Denn Spanien hat seit 2011 die schärfsten Antirauchergesetze in ganz Europa – und sie werden ganz unsüdländisch durchgesetzt.

Offiziell wurde die legendäre **Siesta** in Spanien vor ein paar Jahren weitgehend abgeschafft. Doch auf unseren schönen Inseln im Atlantik ist sie immer noch sehr beliebt. Viele Geschäfte und Büros machen gegen 14.00 Uhr dicht und öffnen ihre Türen erst etwa drei Stunden später wieder.

In allen größeren Orten gibt es **Touristeninformationen**, die zumeist sehr hilfsbereit und gut ausgestattet sind. Fast immer sind brauchbare Inselkarten und äußerst nützliche Stadtpläne im Angebot.

Wüstenschiffe auf Lanzarote

14. Schlaglicht
Zugabe – ein paar Hintergründe

Hatucuperche auf La Gomera – die alten Guanchen sind wieder „in"

Im Jahre 1927 litt die britische Kriminalkönigin **Agatha Christie** unter Liebeskummer; und plötzlich war sie wie vom Erdboden verschwunden. Manch einer vermutete, dass sie selbst Opfer einer ihrer Mordgeschichten geworden war. Doch zehn Tage später tauchte Agatha Christie wieder auf, ohne irgendetwas zur Aufklärung der Vorkommnisse beizutragen. Sie überließ ihren eigenen Fall Miss Marple und machte Urlaub, erst eine Woche auf Teneriffa und dann auf Gran Canaria. Im Gran Hotel Taoro und im Orchideengarten von Puerto de la Cruz fand sie Ruhe und Inspiration. Hier erweckte sie ihren Seltsamen Mr. Quin zu seinem literarischen Leben. Es gibt aber nur zwei Kurzkrimis der Queen of Crime, die auf den Kanaren spielen: „Der

Mann im Meer", erschienen 1930 in dem Sammelband „Der seltsame Mr. Quin", eine Geschichte, die in Puerto de la Cruz auf Teneriffa spielt. Und „Die Gesellschafterin", erschienen 1932 in der Krimireihe „Der Dienstagabend-Klub". Die Episode handelt von zwei Damen, die nach Las Palmas auf Gran Canaria fahren; doch nur eine von Ihnen kehrt zurück. Sehr viel über Gran Canaria erfährt man in der Geschichte allerdings nicht.

Alles Banane? Auf einigen Kanarischen Inseln sah es eine Zeitlang so aus. Nach dem Kolonialhandel, nach Wein, Zuckerrohr und dem Karmin-roten Farbstoff von Cochenille-Schildläusen avancierte die Banane im 19. Jahrhundert zum Haupt-Exportschlager von Teneriffa, Gran Canaria und La Palma. Doch die krumme Frucht tut sich zunehmend schwer, nicht so sehr mit einem von der EU vorgeschriebenen Krümmungsgrad. Bananenstauden brauchen Unmengen von Wasser, welches auf den Inseln eh knapp und knapper wird. Außerdem werden die Agrarsubventionen der EU und Einfuhrzölle für die Konkurrenz-Bananen aus Lateinamerika heruntergefahren. Das ist hart. Denn in La Palma hat die gelbe Frucht bis zu 80% aller Einkünfte erwirtschaftet. Mit knapp 120.000 Tonnen pro Jahr gehört sie noch heute zu den größten Wirtschaftsfaktoren der Insel und kann nicht so leicht durch Hotels ersetzt werden wie in den Tourismus-Epizentren von Teneriffa oder Gran Canaria. La Gomera und El Hierro haben geringere Umstellungsprobleme, da ihre Landwirtschaft nicht ganz so Bananen-lastig war, und auf Fuerteventura und Lanzarote hat es nie genug Wasser für die durchaus sehenswerten „Bananenmeere" der Kanarischen Inseln gegeben.

Bisweilen wird beklagt, dass Teile der Kanaren sich nach und nach entvölkern, ähnlich wie unsere fünf neuen Bundesländer. Richtig daran ist, dass es im 19. und 20. Jahrhundert aufgrund wirtschaftlicher Not mehrere Auswanderungswellen in Richtung Lateinamerika gab. Richtig ist auch, dass in einigen abgelegenen Dörfern von La Gomera und La Palma trotz mittlerweile fantastischer Infrastruktur nur noch ein paar alte Leute leben. Unterm Strich indes hat die **Bevölkerung** der Inseln

Alles Banane?

stetig zugenommen. Allein zwischen 1960 und 2010 hat sie sich mehr als verdoppelt, von knapp 1 Million auf 2,1 Millionen. Und so ähnlich wird es weiter gehen; für das Jahr 2020 sind 2,5 Millionen Einwohner prognostiziert. Bis dahin wird wohl auch La Gomera, die einzige Insel, die in den letzten Jahren Einwohner/innen verloren hat, wieder zulegen. Die Zuwanderer kommen aus der EU, aus Lateinamerika, aber auch aus anderen Ländern. Mit etwa 280 Einwohnern pro Quadratkilometer ist die Bevölkerungsdichte bereits höher als in Deutschland (230 Einwohner). Ganz schön voll, zumal große Teile der Inseln unter Naturschutz stehen. Zu den Bewohnern gesellen sich jährlich noch etwa 10 Millionen Touristen. Jeder Einheimische hat also – mal rein rechnerisch gesehen – pro Jahr fünf Urlauber zu Gast. Die tragischen Flüchtlingsströme aus afrikanischen Ländern sind in den letzten Jahren durch bessere Kontrollen und mehr Zusammenarbeit mit den Herkunftsländern merklich zurückgegangen.

Deutsche gibt es auf den Kanarischen Inseln eine ganze Menge, etwa zehn Prozent aller nicht spanischen Einwohner. Ungefähr 30.000 von uns sind auf den Inseln gemeldet; damit liegen wir knapp vor den Engländern und deutlich vor den „Kolonien" aus Italien, Venezuela,

Kolumbien, Uruguay und Kuba. Besonders beliebte Sammelplätze unserer Landsleute sind Puerto de Santiago auf Teneriffa, die Südküste Gran Canarias, Los Llanos und Umgebung auf La Palma, Teguise auf Lanzarote und natürlich das Valle Gran Rey auf La Gomera – deshalb nennt die Satire-Zeitschrift „Der Valle-Bote" den schönen Ort auch „Deutsch Südwest".

Sie sehen aus wie Dinosaurierfutter aus einem Fantasy-Film: Wenn sich Nebelschwaden über die **Drachenbäume** legen, bekommen sie etwas Gespenstiges – doch wer hat heutzutage schon noch Angst vor Gespenstern. So werden die urzeitlich anmutenden Gewächse mehr und mehr zu Wahrzeichen der Inseln Teneriffa, Gran Canaria und La Palma. Viele von Ihnen sind wirklich sehr alt. Der Drachenbaum-Veteran in Icod de los Vinos auf Teneriffa soll tausend Jahre auf dem Buckel haben; auf jeden Fall ist er mit stattlichen 17 Metern der höchste seiner Zunft. Das Prachtexemplar in Gáldar auf Gran Canaria heißt zwar auch Drago Milenario, ist aber in Wirklichkeit keine tausend, sondern „nur" etwa dreihundert Jahre alt. In Buraca und in La Tosca auf La Palma stehen ganze Haine von Drachenbäumen und geben der Landschaft einen mystischen Schleier. An diesen Orten versteht man sofort, dass die seltsamen Gewächse Hauptdarsteller zahlreicher Legenden sind. Die Ureinwohner der Inseln glaubten an magische Kräfte, die dem Drago und seinem blutroten Harz inne wohnen. Das Drachenblut soll heilsame Wirkung haben und zuverlässig bei Tuberkulose, bei

Verdauungsstörungen und auch bei Zahnausfall helfen. Ein richtiger Baum ist der Drachenbaum indes nicht; man zählt ihn zu den Spargelgewächsen. Und wer sich vor diesen gigantischen, schon vor der letzten Eiszeit existierenden Spar-

geln fürchten will, lese den beklemmenden Psychothriller „Das Drachenbaum-Amulett" von Volker Himmelseher.

Inseln aus **Feuer** geboren – die Kanarischen Inseln sind vulkanischen Ursprungs. Die ältesten der Inseln sind Fuerteventura und Lanzarote. Sie haben etwa 20 Millionen Jahre auf dem Buckel – das klingt viel, ist für Inseln aber eigentlich kein Alter. Der größte Ausbruch der jüngeren Zeit ereignete sich in den Jahren 1730 bis 1736 auf Lanzarote. Er bescherte uns die einzigartige Mondlandschaft der Feuerberge von Timanfaya. Bereits damals gab es einen Sensationsreporter. Der mutige Pfarrer von Yaiza führte ein akribisches Tagebuch, in dem er die todbringenden Ereignisse für sich, für die Kirche und die Nachwelt haarklein dokumentierte. Der vorerst letzte Vulkanausbruch fand im Jahre 1971 auf La Palma statt; der Teneguía verschaffte sich Erleichterung, ließ die Menschen dabei aber weitgehend in Ruhe. Im Jahre 2006 rumorte es bedrohlich im Inneren des gewaltigen Teide-Massivs auf Teneriffa. Nicht nur die Tourismusindustrie geriet in leichte Panik. Dies nahm Guayote, der finstere Geist, der im Inneren des Vulkanes haust, mit einem hämischen Grinsen zur Kenntnis – und beruhigte sich wieder.

Die Ureinwohner der Kanarischen Inseln, das waren die **Guanchen**, genau genommen viele verschiedene Guanchenstämme, die oft miteinander zerstritten waren. Ein Umstand, den die Spanier sich zunutze machten, als sie die Kanaren im 15. Jahrhundert eroberten und im Laufe der Geschichte auch nicht mehr hergegeben haben. Kontakt zwischen den einzelnen Inseln gab es in der alten Zeit kaum; denn die Guanchen waren keine Seefahrer. Bis zum heutigen Tag können Historiker nicht zweifelsfrei klären, woher die Guanchen ursprünglich kamen, bevor sie sich auf den Kanaren niederließen. Nach einer sehr häufig vertretenen These handelte es sich um Berberstämme aus Nordafrika. Den alten Aufzeichnungen zufolge hatten einige von ihnen blaue Augen. Lange Zeit quasi in Vergessenheit geraten, werden die alten Guanchen heutzutage allenthalben verehrt und mit diversen Denkmälern im Nachhinein unsterblich gemacht. Gerne werden sie als edle, friedliche und erhabene Menschen geschildert. Die historische Wirklichkeit sagt uns indes, dass die Guanchen in der Zivilisationswelt der Jungsteinzeit lebten, also so ähnlich wie Fred Feuerstein und die Seinen es gemacht haben. Ihr Zuhause war die Höhle. Vor allem auf Gran Canaria (in Artenara und in Guayadeque) und auf La Palma (in Buracas bei Las Tricias, in Puerto de Puntagorda und in Porís de Candelaria) gibt es bis heute Wohnhöhlen, die tat-

Wohnhöhlen in Póris de Candelaria

sächlich noch genutzt werden. Teilweise haben sie einen Komfort, von dem Feuerstein nur träumen konnte. Manche von ihnen kann man kaum mehr als Höhle erkennen; hat man ihnen doch eine schicke Fassade verpasst, die einem Gebäude gleicht. Einige werden als Ferienhöhle mit Ureinwohner-Romantik genutzt. In Guayadeque auf Gran Canaria gibt es sogar zwei zünftige Höhlenrestaurants. Die Gomera-Guanchen lebten übrigens auf einer älteren Entwicklungsstufe als andere Guanchenstämme und erfreuten sich dabei der Freikörperkultur. Eine Tradition, die im 20. Jahrhundert von den Hippies in der „Schweinebucht" des Valle Gran Rey auf La Gomera wieder aufgegriffen wurde. So schließen sich die Kreise der Menschheitsgeschichte, sollte man meinen – oder auch nicht; denn die Welt ist ja im Vergleich zur Steinzeit viel prüder geworden. Und so kam es, dass die nackten Blumenkinder bei den Einheimischen auf großes Unverständnis stießen.

Man schrieb das Jahr 1799. Das deutsche Universalgenie Alexander von **Humboldt** war auf dem Weg nach Südamerika und machte – wie seinerzeit üblich – auf den Kanarischen Inseln Halt. Er blieb ganze sechs Tage auf Teneriffa, nicht länger als ein eiliger Pauschaltourist. Doch sein Ausflugsprogramm war enorm. Er bezwang den 3718 Meter hohen Teide, obwohl es seinerzeit weder eine Autostraße noch die Seilbahn gab. Auf seinem Trip entdeckte und katalogisierte er bis dato unbeachtete Pflanzen, die in der extremen Höhe prächtig gedeihen, wie zum Beispiel das Teide-Veilchen. Humboldt's Domizil in Puerto de la Cruz war das heutige Hotel Marquesa. Seinerzeit war es noch kein Hotel; es war das gastfreundliche Haus der kanarischen Familie Cólogan und hatte auch damals schon seinen herrlichen Innenhof. Im Orchideengarten der Stadt bewunderte der Forscher den riesigen Drachenbaum. Als er auf dem Weg von Santa Ursula nach Orotava vom heutigen Mirador Humboldt ins Tal blickte, hielt er in seinen Aufzeichnungen fest, noch „nirgends ein so mannigfaltiges, so anziehendes, durch die Verteilung von Grün und Felsmassen so harmonisches Gemälde" vor sich gehabt zu haben. Die Insel ging ihm ans Herz: „Kein Ort der Welt scheint mir geeigneter, die Schwermut zu bannen und einem schmerzlich ergriffenen Gemüte den Frieden wiederzugeben, als Teneriffa." Ganz kurz ging Humboldt auch an der Playa de las Conchas auf der winzigen Insel La Graciosa an Land, jedoch keineswegs, um ein Sonnenbad zu nehmen; er entnahm Bodenproben für seine Sammlung.

Ein anderer historischer Superstar der Kanarischen Inseln ist Christoph **Kolumbus**. Es gibt ein Kolumbus-Haus in San Sebastian auf La Gomera und noch ein Kolumbus-Haus in Las Palmas auf Gran Canaria. In Santa Cruz auf La Palma steht die originalgetreue Replik eines seiner Schiffe, der berühmten Santa Maria, mit der er 1492 zum ersten Mal nach Amerika gereist ist. Dabei ist der Mann mit dem Eier-Trick nie auf La Palma gewesen, und in Las Palmas hat er nur einmal kurz angehalten. La Gomera war indes bei allen drei Amerika-Reisen sein Stützpunkt; hier hat Kolumbus seine Schiffe mit Proviant und Wasser beladen lassen. Weil dies historisch verbürgt ist, wird La Gomera auch gern La Colombina genannt.

Es gab sie schon immer und es gibt immer noch sehr enge Verbindungen zwischen den Kanarischen Inseln und **Lateinamerika**. Die Inseln waren der Brückenkopf Spaniens für die Eroberung und Beherrschung der Neuen Welt. Die meisten spanischen Schiffe machten auf ihrem Weg nach Amerika in Santa Cruz de la Palma halt. Im 19. und im 20. Jahrhundert sind viele Kanarier nach Venezuela, nach Cuba, aber auch in andere lateinamerikanische Länder ausgewandert. So wird Venezuela bisweilen „La Octava Isla", die achte Insel genannt. Die Bewohner der uruguayischen Provinz Canelones nennt man Canarios. Auch sprachlich gibt es viele Gemeinsamkeiten und Einflüsse. So heißen die Busse auf den kanarischen Inseln Guaguas, ein Wort aus der Quichua-Sprache der Anden. Das Spanische wird auf den Inseln ganz anders ausgesprochen als auf dem Festland, sehr ähnlich wie in vielen lateinamerikanischen Ländern. Überhaupt hat man ein sehr distanziertes Verhältnis zu allem, was von der iberischen Halbinsel kommt. Spanier vom „Mutterland" werden gerne etwas verächtlich „Godos", die Goten genannt.

Die Kanarischen Inseln sind voll von **Legenden**. Mit der aktuellen Renaissance der alten Guanchen werden viele von Ihnen wieder aus der Versenkung hervor geholt. Kostprobe gefällig? Gerne, hier die im wahrsten Sinne des Wortes herzdurchbohrende Sage von der Guanchenprinzessin Gara aus La Gomera und ihrer unglücklichen Liebe zu Jonay, einem schicken, aber mittellosen Jungsteinzeitler aus Teneriffa. Garas standesbewusste Eltern hielten nichts von der Ehe mit einem Ausländer, schon gar nicht mit einem, der nichts weiter als ein armer Landwirt war. Sie verboten die Ehe, doch die Liebe war stärker. Gara und Jonay trafen sich immer wieder. Schließlich flohen sie auf den unzugänglichen Gipfel des höchsten Berges von La Gomera; doch selbst hier wurden sie von den Moralwächtern aufgespürt. Die verzweifelten Verliebten nahmen eine auf beiden Seiten zugespitzte Lanze und durchbohrten ihre Herzen in einer letzten innigen Umarmung. Und weil das alles so schön und so traurig ist, sind die Namen der Geliebten zu einem einzigen zusammen gewachsen, Garajonay, der Name, den heute voller Stolz der Nationalpark und der höchste Berg der Insel La Gomera tragen. Für alle, die solche Geschichten mögen: In dem Buch „Unterm Drachenbaum" von Horst Uden sind die schönsten Legenden der Inseln zusammengetragen.

Was wären die Kanarischen Inseln, wenn es den Ausnahmekünstler César **Manrique** aus Lanzarote nicht gegeben hätte? Sicher auch ein Ferienparadies, doch ärmer um seine schönsten Aussichtsrestaurants, ärmer um märchenhaft

Lanzarote ist Manrique, und Manrique ist Lanzarote

gestaltete Vulkanhöhlen, ärmer um avantgardistische Hotels und Badelandschaften, ärmer um Hunderte von Skulpturen und riesige Mobiles, vor allem aber ärmer um manch wunderbare Facette der Vision einer Symbiose von Mensch und Natur, einer Symbiose von respektvollem Tourismus, seriösem Geschäft und intakter Umwelt.

Ob Kanarische Inseln soviel bedeutet wie Hundeinseln, an dieser Frage nagen die Historiker so ausdauernd wie die besagten kanarischen Hunde am Knochen. Der **Name** könnte tatsächlich von Canis, dem lateinischen Wort für Hund kommen. So berichtete schon der römisch-mauretanische König Iuba, dass eine der seinem Reich vorgelagerten Inseln von besonders großen Hunden bevölkert sei. Bis zum 15. Jahrhundert hatten die Inseln jedoch einen viel poetischeren Namen: Insule Fortunate, die Glückseligen Inseln. Später setzte sich für die Fortunaten so nach und nach die etwas trockenere Bezeichnung Kanarische Inseln durch. Ausgelöst wurde das Ende der Poesie durch eine Bulle von Papst Benedikt, dem Achten, jenes Dokument aus dem

Jahre 1403, mit dem er Jean de Béthancourt und Gadifer de la Salle beauftragte, die „Hundeinseln" zu christianisieren. Oder bezog sich der Papst mit dem Wort Insulas Canarie auf Berber aus dem hohen Atlas, die in der Tat den Namen Canarios tragen? Schließlich

Kanarische Inseln = Hundeinseln?

sollen es Berber gewesen sein, die dereinst die Inseln besiedelten, und schließlich sollten Menschen bekehrt werden und keine Hunde. Sei es wie es sei, auf Gran Canaria sind die Vierbeiner beliebte Denkmaltiere; zwei von ihnen springen sogar im Inselwappen an einer Palme hoch. Auf den anderen Inseln muss der Hund sich indes mit seiner üblichen Rolle begnügen: Straßenköter oder angepasstes Familienmitglied. Ach so, der Kanarienvogel; er ist tatsächlich auf den Kanarischen Inseln heimisch, hat mit der Namensgebung aber nichts zu tun.

Fred **Olsen**, eine nordische Karriere im Atlantik. So manch eine/r wird die riesigen weiß-gelben Schiffe mit der blauen Aufschrift Fred Olsen gesehen und sich gefragt haben: Geht's denn hier zum Nordpol? Fred Olsen ist ja nun gar kein spanischer Name und doch eine der beiden wichtigsten Schiffsgesellschaften für den Verkehr zwischen den Kanarischen Inseln. Und das kam so: Anfang des 20. Jahrhunderts hatte sich der Norweger Thomas Olsen so sehr in die Insel La Gomera verliebt, dass er sich dort regelrecht einkaufte. Schon bald teilte sich die Olsen-Dynastie fast die ganze Insel mit drei oder vier traditionellen Großgrundbesitzern. Sohn Fred beglückte die Kanaren mit einer Schiffahrtslinie, die lange Zeit ganz unauffällig Ferry Gomera hieß, baute in Playa Santiago auf La Gomera das Luxus Hotel Jardín Tecina, einen Golfplatz, Touristenlokale und vieles mehr. Der Inselpatriarch aus dem hohen Norden ging dabei immer sehr pressescheu und diskret vor –

keine Interviews, keine Publicity. Dabei ist Fred Olsen mittlerweile einer der größten Arbeitgeber Gomeras. In der Hauptstadt San Sebastián hat man ihm sogar eine Straße gewidmet, den Paseo Fred Olsen vom Hafen in die Stadt. Spiegel online indes titulierte die Norwegische Reederfamilie etwas weniger respektvoll „die Olsen Bande".

Wurde der **Planet der Affen** nun auf den Lavafeldern im Nationalpark Teide auf Teneriffa oder in den Feuerbergen auf Lanzarote gedreht? Welches Reiseleiter-Latein stimmt? Weder das eine noch das andere; die Affenplanet-Macher fanden ihre außerirdische Szenerie in den Südstaaten der USA (in Utah, in Kalifornien und in Arizona). Richtig ist allerdings, dass die Kanarischen Inseln sehr beliebte Film-Locations sind, besonders für Fantasy-Streifen; allein in Teneriffa werden pro Jahr etwa hundert Filme gedreht, vom Werbespot bis zur Hollywoodproduktion. Die jüngsten Beispiele sind der Kampf der Titanen von Louis Leterrier (Teneriffa 2010) und Szenen aus Zerrissene Umarmungen des spanischen Starregisseurs Pedro Almodóvar (Lanzarote 2009).

Es gibt sieben kanarische (Haupt)Inseln; kleinere Inseln wie La Graciosa bei Lanzarote oder die Isla de Lobos bei Fuerteventura werden zumeist einfach nicht mitgezählt. Ja, und dann gibt es noch das sagenhafte **San Borondón, die achte kanarische Insel**. Alten Dokumenten zufolge muss sie irgendwo in der Nähe von La Gomera gelegen haben. Dann ist die Insel vielleicht untergegangen, ähnlich wie das sagenhafte Atlantis. Oder San Borondón hat nie existiert, so ganz genau weiß das niemand. Ziemlich sicher ist man sich allerdings, dass die Kanarischen Inseln nicht die Reste von Atlantis sind, obwohl auch das in alten Dokumenten gestanden hat.

Sehr real ist indes die Geschichte vom **Transrapid** auf Teneriffa. Es gibt Pläne, den bis zu 500 Kilometer schnellen Magnetschwebezug über die Autobahn von Puerto de la Cruz nach Playa de las Américas zu legen. Ein Hirngespinst. Nein, technisch ist das möglich; der Transrapid würde weniger kosten als eine neue Eisenbahnlinie, die man dringend braucht, um die völlig überfüllte Autobahn zu entlasten.

Seine Ökobilanz wäre gut, und eine Touristenattraktion wäre eine um den Vulkan rasende Magnetschwebebahn wohl auch. Fragt sich nur, was Guayote, der Feuerteufel im Teide, dazu sagen wird.

Auch die UNESCO hat die Kanarischen Inseln für sich entdeckt und drei besonders herausragende Orte zum **Welterbe** erhoben: Im Jahre 1986 die verwunschenen Wälder des Nationalparks Garajonay auf La Gomera, im Jahre 1999 La Laguna auf Teneriffa, die „Mutter" aller spanischen Kolonialstädte in Lateinamerika; und im Jahre 2007 kam Teneriffa noch einmal dran, mit dem Teide und der einzigartigen Mondlandschaft, die den höchsten Berg Spaniens umgibt.

Grandios, Blick vom Teide

Daniel A. Kempken

Schlaglichter Berlin

Highlights und Kuriositäten · Tipps und Geheimtipps

Insider-Reiseführer und unterhaltsames Lesebuch zugleich.

Der Autor beschreibt die touristischen Highlights der faszinierenden Andenrepublik und gibt hilfreiche Tipps. Er macht Momentaufnahmen von Menschen und Plätzen und hat Geheimtipps parat, die man so leicht nirgendwo anders findet. Das Buch lenkt die Blicke seiner Leserinnen und Leser hinter die Kulissen und auf Kuriositäten am Rande der Touristenpfade. Für die, die noch mehr über Ecuador lesen möchten, enthält das Buch eine bisher einzigartige Bibliografie mit über 40 Rezensionen.

Die **Schlaglichter Ecuador 2010** sind weit mehr als eine 2. Auflage des Büchleins, das vor fünf Jahren erschienen ist. Daniel A. Kempken hat bei seiner aktuellen Recherche vieles neu entdeckt. So entführt er seine Leserinnen und Leser in verborgene Ecken des kolonialen Quitos, aber auch in neue Restaurants, in das einzigartige Cuyabeno-Reservat und zum bezaubernden Minenstädtchen Zaruma. Diesmal hat er auch Galápagos erkundet, jenes unvergleichliche Paradies der Evolution, das so manches andere touristische Highlight locker in den Schatten stellt.

Brosch., 156 Seiten, zahlreiche Farb- und s/w-Fotos
ISBN: 9783833431463, € 13,50

Erhältlich bei www.amazon.de und in jedem Buchladen

Leseprobe bei **www.danielkempken.de**

Außergewöhnliche Bilder für Anspruchsvolle

3 Beispiele von mehr als 100 Fotocollagen im Format 123 x 60 cm.

www.stadt-land-bild.de